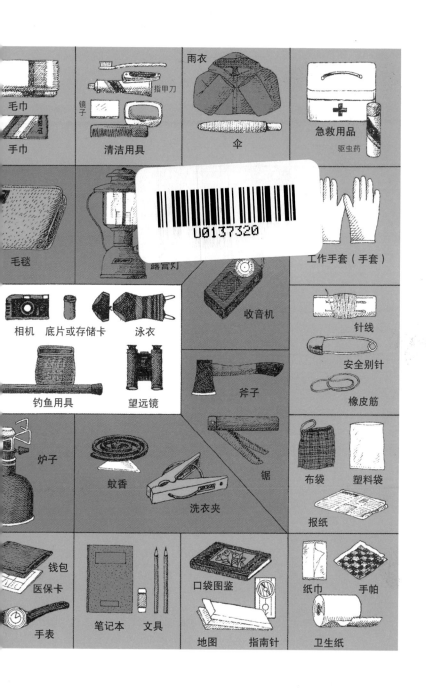

毛巾

手巾

指甲刀

镜子

清洁用具

雨衣

伞

急救用品

驱虫药

毛毯

露营灯

工作手套（手套）

相机　底片或存储卡　泳衣

钓鱼用具　　望远镜

收音机

针线

安全别针

橡皮筋

斧子

炉子

蚊香

洗衣夹

锯

布袋　塑料袋

报纸

钱包

医保卡

手表

笔记本　文具

口袋图鉴

地图　指南针

纸巾　手帕

卫生纸

后浪出版公司

冒险图鉴

[日]里内蓝 著 [日]松冈达英 绘 张杰雄 译

四川人民出版社

前　言

冒险是什么呢？就字面上的意义来讲，指的是冒着危险的意思。借日语字典上的解释来说，则是指刻意去做不确定是否能成功的事。虽然不清楚自己接下来做的事会成功还是失败，却依然鼓起勇气去尝试的意思。

话虽如此，这并不是叫我们冒着生命危险，去做别人没做过的事。在采取行动之前，我们必须慎重地拟定计划，做好完善的事前准备，尽可能避开危险才行。在你能做到这些之后，遇到剩下的 1% 无法预期的危险时，便要勇敢地去面对它，这才是本书所指的冒险。

第一次离开父母身边独自旅行、第一次去参加露营……那种心中充满不安与期待的感觉，大家应该都记得很清楚吧。万一发生什么意外该怎么办？心情始终平静不下来。这种心跳加速的感觉，不论经历多少次的冒险都不会消失。正因为有这颗兴奋的心，我们才会做好避免失败的准备；当冒险过程顺利时，我们才会感到格外开心。

这本书中记载了野外生活的必要事项，包含步行、饮食、睡觉、面临危险的应对措施、制作让野外生活更有趣的游玩器具，以及和动物、植物的接触。只要学会了这些，就可以说完成了 99% 的准备。剩下的就是带着勇气出发。

野外是一个自由自在的空间，没有所谓的时间分配。在你能尽情享受毫无拘束的同时，也必须自己承担所有行动的责任。人生就是一场冒险，既然有快乐的事，当然也会有出乎意料的事。在野外体验到的所有事情，不论是在自己步入社会之后，或者在自己的人生历程当中，都会有很大的帮助。

第一次露营

背包的装法（56 页）　　　　　　拟定计划的方法（24 页）

鞋带的绑法（32页）

走路的方法（36页）

行动食物（124页）

步行

饮食

当日来回的餐点（130页）

野外的厕所（198 页）

步行

睡觉

面临危险的应对措施

流血时的处理（338 页）

在野外很有用的药草（356 页）

制作器具（208 页）可以吃的山野草（170 页）

用漂流木做东西（230 页）

来钓鱼吧（302 页）

用锅炖煮（148 页）　　　　制作炉灶（132 页）

然后加上较粗的树枝……

先把报纸点燃，再把细树枝放在火上。

在鱼上面撒盐会很好吃哦！

好了，来准备晚餐吧。

先在家里切好，煮起来就很简单了。

因为是炖的，所以要放味噌。

在野外烤鱼或烤肉（144 页）　　来钓鱼吧（302 页）

饮食
睡觉

预测天气（76 页）

帐篷里要整理好（194 页）

避免被雨淋湿的要领（52页）

目 录

饮食

睡觉

制作游玩器具

与动物、植物的接触

面临危险的应对

资料

出发前

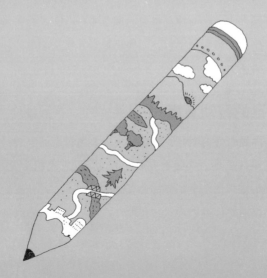

在大自然中生活

到野外去吧

在大都市里住了几个星期之后，我就会非常想去旅行。坐在桌子前环视着房间，心情就像是被关在盒子里的独角仙一样，想赶快用角戳破盒子，飞到野外去。野外的一景一物，清香扑鼻的树木气味、悠扬悦耳的鸟叫声、飘浮在蔚蓝天空的柔软白云、清凉澄净的山涧泉水……我都想再接触一次。远离人群到附近的山野去，就是我一趟小小的旅行了。在没有天花板的野外，尽情地让自己放松，光是闻闻风的味道、树木的气味，就会让我心情舒畅。

掌握求生技巧

不论当日来回还是要过夜，都无所谓。试着到野外去看看吧。虽然我们平常并没有意识到，但一直在建筑物里是很有压迫感的。可以自由自在地往前、往后、倾斜奔跑的空间是很棒的。虽然到野外去，吃与睡都得自己准备才行，在没有自来水和煤气的地方生活，也会很辛苦，但那正是野外生活的滋味。看过本书之后，请你亲身体验一下，掌握野外求生的技巧吧。

对自己的行动负责

实际到野外的时候，你会发现，要照自己的想法行动，是意外地困难，总是会伴随着失败。不过，反复累积了失败的经验，以后不论碰到什么事，你都会有办法处理了。万一发生了意外事故，那也需要你自己责任。在野外，最基本一点的就是对自己的行动负责。

在大自然里必须遵守的事

培养观赏大自然的眼力

培养观赏大自然的眼力与掌握求生技巧同样重要。人类、野兽、鸟、昆虫、植物，大家同样生存于大自然之中，而且彼此之间的联系非常密切。虽然没有能互相沟通的语言，但靠着仔细观察，我们就能理解其他的生物。只要我们还有彼此平等的认知，就不会忘却用温柔的心对待它们。

不要破坏大自然的平衡

大自然建立在许多生物的微妙平衡之上。以我们打算用来搭帐篷的狭小空间来说，即使是在那个乍看之下什么都没有的空间里，也有许多的植物、昆虫生活在其间。也许有人会担心我们到了野外之后，会破坏大自然的平衡。确实没错，对大自然来说，人类的拜访是一种冲击，所以我们必须谨记，要尽量让这个冲击变得越小越好。随意攀折花草、猎捕野鸟等，当然都是不被允许的行为。身为喜爱大自然的人，这些都是必须遵守的规则。

恢复成最初的状态再离去

在山里行走时，我碰见过人们离去后的丑陋残迹，有被塞到石头缝里的空罐或垃圾袋、有留在河滩上的生火痕迹……要让当地恢复成你最初造访时的状态，这是绝对不可以忘记的。生鲜垃圾要处理，纸类要烧掉，排泄物要埋起来，泡沫塑料、塑料袋及不可燃的垃圾，都一定要带回去。恢复成感觉不到有人待过的状态后再离开吧。

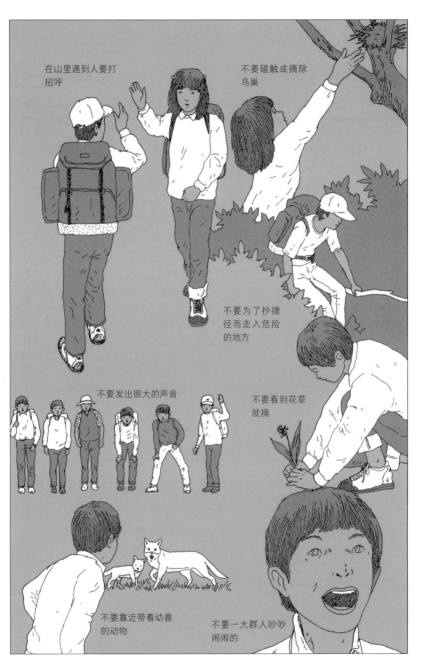

在山里遇到人要打招呼

不要碰触或摘除鸟巢

不要为了抄捷径而走入危险的地方

不要发出很大的声音

不要看到花草就摘

不要靠近带着幼兽的动物

不要一大群人吵吵闹闹的

23

拟定计划的方法

根据目的选择地点

"我们去钓鱼吧！""我们去看观音莲！""大家一起去摘野菜煮来吃吧！"……到野外去的目的，因人而异，有的人大概只想去呼吸森林里的新鲜空气吧。根据每个人的目的选择地点，是非常重要的。为此，我们要尽可能地搜集信息，看游览手册、登山书籍、报纸的休闲娱乐版等都可以，也可以去问问家人或学校的朋友们，尽可能地搜集详尽的信息。

和伙伴开会讨论

决定地点之后，就要买地图，然后和要一起去的伙伴们开会。决定是当日来回还是要过夜？如果要过夜的话，要在哪里露营？该带的东西有什么？食物呢？急救用品呢？共同使用的东西有哪些？万一下雨该怎么办……诸如此类的话题都应该讨论一番。即使说最终的乐趣取决于是否好好地进行讨论，一点也不夸张。

决定工作分配

在露营的时候，因为要把日常生活中穿的、吃的、住的，全部都移往野外，所以准备工作也是很辛苦的。此时，即使小组成员只有 2 ~ 3 人，我还是建议大家要做好工作的分配。食物组（准备带去的食物，以及在当地的炊事安排），工具组（帐篷、炉子的检查等），会计组（交通费、食物费、杂费等的记录），还有决定队长。人数不足时就由某个人兼任。实际上虽然所有的工作都需要大家同心协力，但每一组绝对不能忘记自己负责的东西，一定要制作出清单，并且再三确认。

计划书里要记载的事项

- 目的
- 日期、时间
- 集合场所
- 预定行动
- 住宿地点及紧急联络方式
- 预定返家日期、时间
- 食物计划
- 同行者与联络方式

至少要写清楚上述事项
复印后，请各自交给家人一份

工具组
很清楚帐篷、炉子用法的人

会计组
做好预算之后会把钱收好，值得信赖的人

食物组
手艺好、喜欢煮东西的人

队长
遇到紧急情况时，很靠得住的人

神之鱼，kamuy-cep

从前住在北海道的爱奴人，把鲑鱼称之为 kamuy-cep，意思是神之鱼。根据传说，神明心情好的时候，会把手上拿的袋子往海里倒，里面掉出来的骨头变成了鲑鱼，溯流而上之后，抵达了爱奴人村庄中的某条河。到了鲑鱼要来的季节，所有会污染河流的行为都会受到禁止，人们都等待着神明所赐的这个礼物的来临。接着，他们会把捕到的第一条鱼献给神明，并且致上诚挚的感谢。据说要是有所怠慢，或者弄脏河流的话，鲑鱼就不会来了。

鲑鱼是一边唱着"Shirokani pisyaku（银之勺），Konkani pisyaku（金之勺）"一边品尝着水的味道后溯流而来，爱奴人是这么唱的。水的味道要是不好，鲑鱼就会放弃往上游。那么一来，人们就得不到重要的食物而只能挨饿。实际上，也有某些爱奴人村子，因为捕不到鲑鱼而灭亡了。

在这个爱奴人的故事里，告诉了我们非常重要的事，那就是为了唤回鲑鱼，维护环境清洁是有多么的重要。这一点可不只限于鲑鱼，而是能套用在所有的生物上。除了不可以做出让生命灭绝的行为之外，我们也不可以忘记尊重所有的生命。

步行

旅行，从步行开始

努力地走路吧

我们在走路的时候，大概都是思考着该走去哪里，而未曾专注在走路本身吧。不过，让我们试着把走路当成目的，认真地走一次看看。即使是去学校的道路也可以，或在校园里绕圈子也可以。如果是走平地，最少走 15 分钟不要休息，尽可能快步走走看。如此一来，你的呼吸会变得急促，而且会开始流汗，说不定小腿肚、脚底或是侧腹也会开始痛起来，甚至无法继续走下去了。其实走路和跑步一样，也是需要技巧的。

偶尔偏离道路走走看

感到疼痛的原因有很多，例如鞋子、袜子、走路方式等。我们先把可以轻松走很久的诀窍作为以后要学习的技巧，那种走完路之后的快感是其他东西难以取代的。在交通工具出现之前，所有的人类都是靠步行的。随着路越走越多，双脚也就越来越结实，然后身体也会从中受益。习惯走路之后，你也可以试着走去没有路的地方，例如草丛、空地等，试着偏离道路走走看吧。当然，施工现场之类的地方太危险了，请你一定要避开。踏开脚边的草，一边用手拨开树枝，一边行走。所谓的道路本来就像这样，是经由许多人走过，才形成的。

顺道逛逛也很有趣

走路的另一个乐趣就是顺道逛逛。即使是走在同样一条路上，依据季节、时间不同，周遭的景观也会不同。有时也会遇到各种生物，这时候，暂时停下脚步去看看吧。带着好奇心去观察时，或许会有崭新的发现哦。

能步行很久的诀窍
是维持同样的步调，
不要焦急

29

选择鞋子

鞋子，是依据不同目的而制作的

试着把家里所有的鞋子都翻过来，看看鞋底吧。爸爸的皮鞋、哥哥的慢跑鞋、姐姐的网球鞋，以及你们平常穿的运动鞋。注意到这些鞋底的样式都不一样了吧。最凹凸不平的鞋子是哪一双呢？相反，鞋底最平滑的又是哪一双？让我们试着思考一下为什么会那样。比较常走在柏油路上或公司里的父亲，他的鞋底是平的。在校园或野外跑来跑去的你们，穿的运动鞋鞋底则是凹凸不平，比较不容易滑倒。不只是鞋底而已，鞋子的形状和材质，依据目的不同，也会有所不同。

穿你习惯穿的鞋子出门吧

选择到野外穿的鞋子，最重要的是即使长时间走路也不会觉得累。如果脚上不是你穿惯的鞋子，那么在遇到碎石路，或是突然变得陡峭的坡道时，就会感觉特别难走。请穿上你习惯穿的运动鞋吧。大部分可以当日来回的山地、河畔、海边，只要穿运动鞋就足以应付了。不过，如果是到海拔超过1000米的山岭上，你就必须穿更坚固的鞋子了。鞋底很厚，不论遇到多么崎岖不平的山路都没问题；为了防止扭伤，脚踝都支撑得很牢固；不会进水、可以保暖的鞋子。具有这些特点的鞋子，称为登山鞋。

买登山鞋时

薄袜子与厚袜子各穿一只，首先把脚伸进去试试，确认脚趾是否能自由活动。趾尖如果顶到鞋尖就不行。接下来试着走走看，确认一下脚掌在鞋子里服不服帖，脚后跟会不会上下滑动。如果会滑动，就有可能会起水泡或磨破皮。

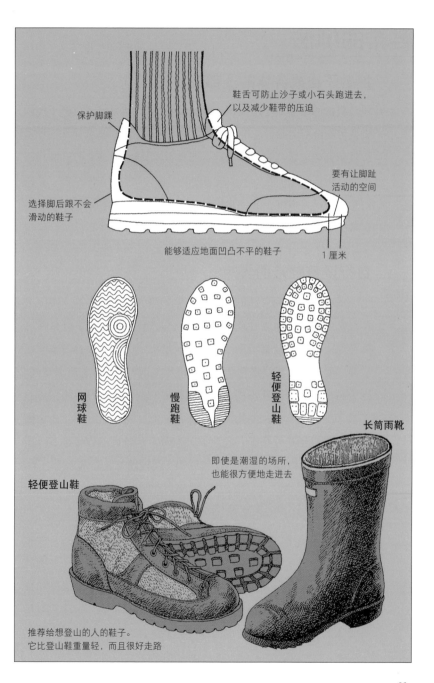

鞋舌可防止沙子或小石头跑进去，以及减少鞋带的压迫

保护脚踝

要有让脚趾活动的空间

选择脚后跟不会滑动的鞋子

能够适应地面凹凸不平的鞋子

1厘米

网球鞋

慢跑鞋

轻便登山鞋

长筒雨靴

即使是潮湿的场所，也能很方便地走进去

轻便登山鞋

推荐给想登山的人的鞋子。
它比登山鞋重量轻，而且很好走路

鞋带的绑法

把鞋子当成身体的一部分

鞋带的任务是要让鞋子与脚配合得刚好。绑法不对，鞋子里的脚就可能会滑动或者动不了。让脚滑动的鞋带绑法，会让你走没多久就感到累，然后脚会起水泡，而且很容易扭伤。刚绑上的时候，也许觉得稍微紧了些，但是只要逐渐习惯，就会变得刚刚好。让我们忘了自己穿着鞋子，感觉像是身体的一部分，是最理想的绑法。鞋带的绑法请参考下一页的图，不妨在家里多试几次吧。

自行调整鞋带的长短

另一只脚踩到自己的鞋带而跌倒，感觉好像很滑稽，实际上却经常发生。之所以会跌倒是因为鞋带太长。在家里绑好鞋带之后注意一下，把鞋带剪到刚刚好的长度吧。为了不让鞋带的绳端松开，要用胶带或线把它缠起来，再用火烘一下，让它凝固变硬。因为每个人的脚形状不同，所以鞋带应有的长度自然也不同。至于带子的形状，扁宽的比圆形更不易松开，所以更合适。要去野外时，考虑到意外状况，我建议大家带一双备用的鞋带去，除了可以当作普通的鞋带使用，还可以用在其他地方，非常方便。

鞋带快松开时要立刻绑好

在走路当中，鞋带有时会松掉。我们很容易会这么想，要把背着的行李放下来太麻烦了、团体行动时不想比大家慢……但这是不行的。立刻重新绑好是很重要的，因为走路不方便会带给脚部多余的负担，疲劳反而会增加。所谓欲速则不达，重新把鞋带绑紧才能够保护好脚部，也比较不会疲劳。

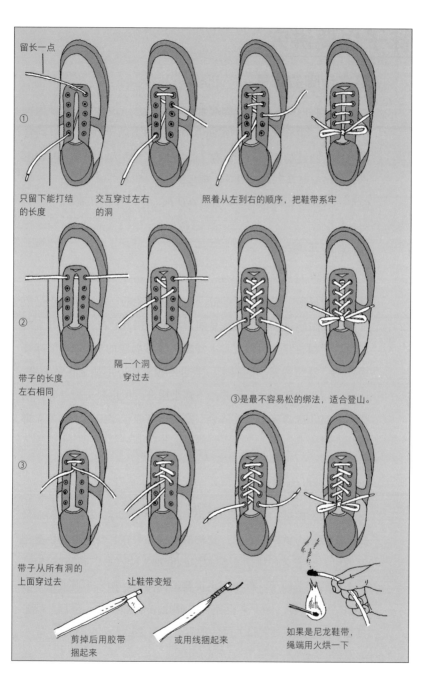

① 留长一点

只留下能打结
的长度

交互穿过左右
的洞

照着从左到右的顺序，把鞋带系牢

② 带子的长度
左右相同

隔一个洞
穿过去

③是最不容易松的绑法，适合登山。

③ 带子从所有洞的
上面穿过去

让鞋带变短

剪掉后用胶带
捆起来

或用线捆起来

如果是尼龙鞋带，
绳端用火烘一下

袜子也要讲究

要穿合脚的袜子

不合脚的袜子也是让脚起水泡的原因之一。虽然不需要像鞋子那样，要求到尺寸完全相同，但我们可以从平常就开始注意，找出适合自己脚型的袜子。穿上太大的袜子或太小的袜子时，不是会松掉就是从脚后跟滑下，这样你走不到 30 分钟，脚就会磨破皮了。

棉袜与毛袜

袜子的材质是棉（cotton）、羊毛（wool），以及将它们与亚克力（丙烯酸）或聚酯纤维混合在一起做成的。棉袜的优点是吸汗，肌肤触感很好；毛袜则是非常暖和。因此，夏天穿棉袜，冬天就在上面再穿上一双毛袜。冷的时候穿温暖的 100% 羊毛袜是最棒的，混纺的袜子穿起来一点也不暖，所以不适合在冬天穿。还有，新买的袜子硬邦邦的，不太会吸汗，所以要去野外时，选择穿洗过几次的袜子比较适合。穿登山鞋时，不论夏天、冬天都要穿两层袜子。

防止磨破皮

所谓磨破皮，是指鞋子和脚之间产生了摩擦，比鞋子脆弱的脚被那股热力烫伤的意思。这种时候，如果在容易破皮的位置贴上创可贴，或者放进防止磨破皮的护脚垫，就可以预防磨破皮。贴完之后穿上袜子，再用肥皂在鞋子内侧擦一擦会更有效果。步行 30 分钟左右，停下来检查一下脚的状况吧。即使还没起水泡，只要看到皮肤有被磨得红肿的地方，就请你贴上创可贴。

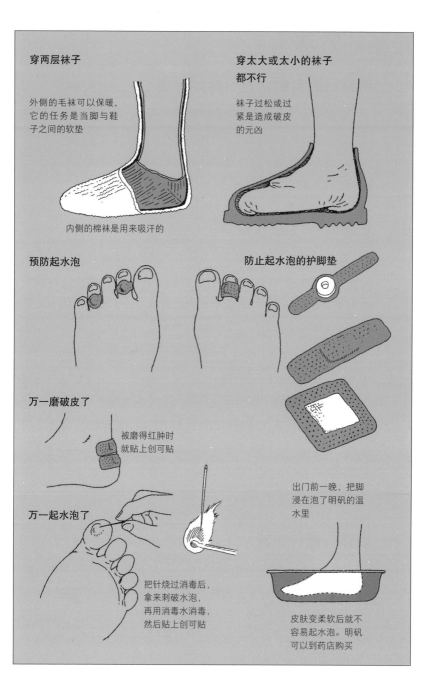

穿两层袜子

外侧的毛袜可以保暖，它的任务是当脚与鞋子之间的软垫

内侧的棉袜是用来吸汗的

穿太大或太小的袜子都不行

袜子过松或过紧是造成破皮的元凶

预防起水泡

防止起水泡的护脚垫

万一磨破皮了

被磨得红肿时就贴上创可贴

万一起水泡了

把针烧过消毒后，拿来刺破水泡，再用消毒水消毒，然后贴上创可贴

出门前一晚，把脚浸在泡了明矾的温水里

皮肤变柔软后就不容易起水泡。明矾可以到药店购买

走路的方法①

以自己的步调，有节奏地行走

长时间走路都不会累的诀窍是步伐要小，并且用同样的速度行走。大部分人疲惫的原因是在平地的时候速度太快、步伐跨太大，以至于破坏了走路的节奏感。把要长时间走路这件事记在脑里，绝对不要太过急躁。

上坡时步伐要小

爬斜坡时如果步伐太大，身体容易摇晃而失去平衡，这件事我想大家应该都知道。爬坡时请以比走在平地更小的步伐，稳稳地一步步爬上去。如果遇到十分陡峭的斜坡，那么最好脚步一左一右，缓缓蜿蜒而上。

下坡时要更加注意

一般人都觉得下坡似乎很轻松，但是绝非如此。很多人因为走路的节奏被打乱而跌倒受伤。如果用跑的、用跳的，那就更夸张了，要是让石头掉下去砸到其他人，事情就严重了。在下坡时，专家们都会放慢速度，鞋带也绑得比平常紧。因为鞋带太松，脚尖会顶到鞋子，指甲可能会因而坏死。

团体一起行走时

在几个人一起行走的团体当中，一定会有走路比较快的人和走路比较慢的人。每个人走路的节奏不同，这是理所当然的。不过，在团体行动的时候，大家还是要配合那些走路慢的人的步调，即使是当成在避免意外事故也好。不妨一边欣赏四周的自然景物，一边悠闲地行走。队长要走在队伍的最后面。

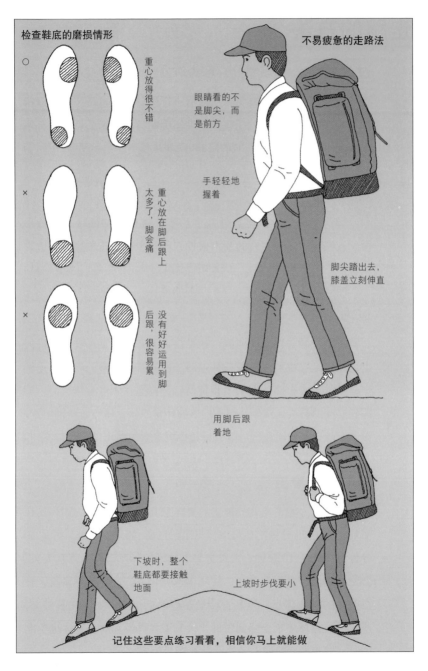

检查鞋底的磨损情形

不易疲惫的走路法

○ 重心放得很不错

× 重心放在脚后跟上太多了，脚会痛

× 没有好好运用到脚后跟，很容易累

眼睛看的不是脚尖，而是前方

手轻轻地握着

脚尖踏出去，膝盖立刻伸直

用脚后跟着地

下坡时，整个鞋底都要接触地面

上坡时步伐要小

记住这些要点练习看看，相信你马上就能做

37

走路的方法②

过吊桥

由于吊桥很容易摇晃，所以要一个接着一个过桥。如果觉得桥下的河流很恐怖，就把视线落在脚尖前方约 1 米的桥面上，不要改变自己走路的速度，而是以相同的步伐节奏走过吊桥。

过圆木桥

脚与肩同宽，以有点外八字的姿势过桥，这样可以维持平衡。视线落在 1 米左右的圆木前方，每一步都要让鞋底牢牢地踩在桥上，迅速地走过去。步伐稍微加快，会比慢慢地行走更平稳。

过河

深度在膝盖以下的河流，如果在夏天，直接穿着鞋子走进河里比较安全。也可以踩着石头过河。选择露出水面的石头，先把一只脚放上去，确认石头不会晃动后，再把身体重心移过去。脚踩到浮动的石头而滑倒、扭伤的事故经常发生，所以要特别留意。深度比膝盖高的河流很危险，请选择更安全的路走。

聪明的休息方法

虽然没人规定走几分钟之后要休息几分钟，不过，如果是在平地，行走 50 分钟之后可以休息 10 分钟；如果是上坡，行走 30 分钟可以休息 10 分钟，大致上采取这样的标准即可。休息太久，会使原本已经灵活的身体，又变得迟钝起来。可以选择路段区分很明显的场所休息。与其直接坐在地面上，倒不如坐在石头上，这样血液循环才不会降到臀部，接下来要再行动时，身体也更能适应。做些简单的伸展运动也很不错。

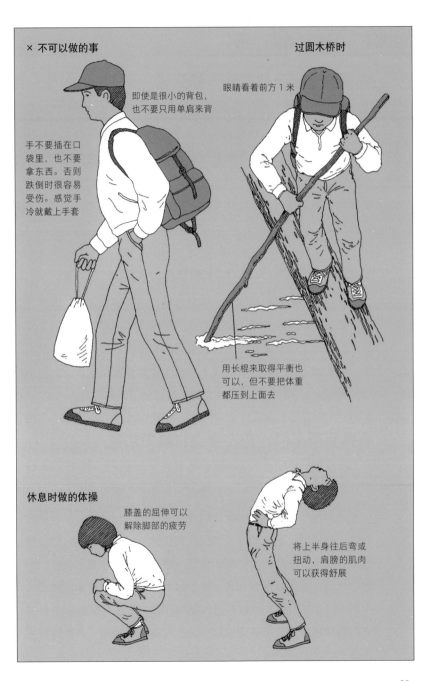

× 不可以做的事

过圆木桥时

即使是很小的背包，也不要只用单肩来背

手不要插在口袋里，也不要拿东西。否则跌倒时很容易受伤。感觉手冷就戴上手套

眼睛看着前方 1 米

用长棍来取得平衡也可以，但不要把体重都压到上面去

休息时做的体操

膝盖的屈伸可以解除脚部的疲劳

将上半身往后弯或扭动，肩膀的肌肉可以获得舒展

39

穿着　春·夏·秋

在野外，一天如四季一样变化

　　走在山野里，身体会流很多汗，T恤和裤子也会湿答答的，这个时候要是休息或是有强风吹过来，全身会冷得发抖。这是因为汗水蒸发的时候，身体的热度也被带走了。别以为是夏天就只穿很薄的衣衫，一旦变天就很麻烦了。在野外，要把1天的时间想象成充满变化的四季。随着地面的高度或天气变化，气温也会剧烈改变。

以多层穿搭来应对温度变化

　　要应对剧烈的温度变化，就只有不停地穿穿脱脱了。因此多层穿搭方法是最适合的。爬山时特别容易流汗，所以穿短袖T恤就好。如果走在下坡或阳光照射不到的树林里，短袖T恤上要再罩一件长袖上衣。在这个时候，如果T恤已经被汗水濡湿，请先换掉衣服。这不仅可以让身体保持干爽，还会暖和起来。

依据场所不同，在穿着上也要下功夫

　　在晴朗的艳阳天，如果你穿着无袖背心走路，当晚一定会深受晒伤的疼痛之苦。山中太阳直射的光线非常强，请不要在阳光直接照射到的场所暴露肌肤。此外，在森林中有时也会被尖锐的竹叶、细树枝，或者荆棘等划伤皮肤，所以尽可能穿上长袖，热的时候把袖子卷起来走。裤子也是一样，假使你穿的是短裤，膝盖就可能会直接摩擦到石头，被东西绊倒也很容易受伤。我建议大家等到了露营地，可以轻松休息的时候，再换穿短裤。牛仔裤虽然坚固耐穿，但还是建议你穿上让双腿方便活动、具有伸展性的裤子。

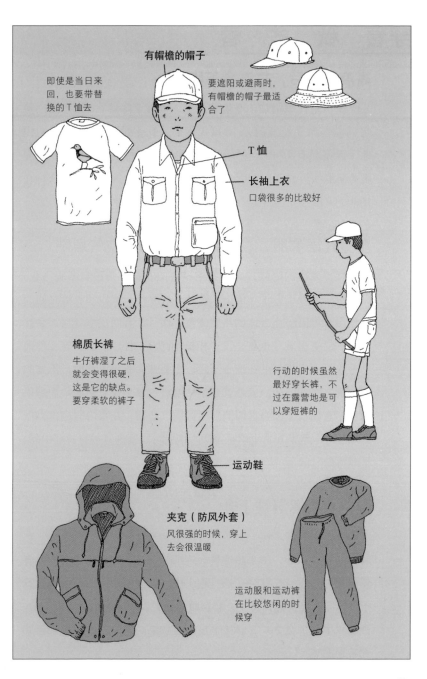

有帽檐的帽子

即使是当日来回，也要带替换的T恤去

要遮阳或避雨时，有帽檐的帽子最适合了

T恤

长袖上衣
口袋很多的比较好

棉质长裤
牛仔裤湿了之后就会变得很硬，这是它的缺点。要穿柔软的裤子

行动的时候虽然最好穿长裤，不过在露营地是可以穿短裤的

运动鞋

夹克（防风外套）
风很强的时候，穿上去会很温暖

运动服和运动裤在比较悠闲的时候穿

穿着 秋·冬·春

高度增加后，气温会下降

在山地，每增加 100 米的高度，气温下降约 0.6 摄氏度。换句话说，当平地气温是 16 摄氏度时，比平地高出 1000 米的山地，温度只有 10 摄氏度。此外，据说风速每增加 1 米，体感温度（肌肤实际感受到的温度）就会降低 1 摄氏度。即使同样待在 1000 米的山上，如果强风吹拂就会更觉寒冷，原因便在此。

多穿几层衣服，在身体周围制造出空气层吧

在很寒冷的时候，必须穿上多层的衣物直到感觉温暖为止。忍耐对身体最不好了。借由衣物的多层穿搭，衣服和衣服之间的空气层，可以防止身体的热度外流，而且，有两层空气层，会比只有一层更温暖。也就是说，相较于只穿 1 件厚毛衣，穿 2 件薄的毛衣反而比较好。在准备不足、没那么多衣服可穿时，不妨利用报纸之类的纸张。意思就是把纸塞进衣服和衣服之间。而糖果盒里常有的、上面有透明圆形突起的气垫膜，在寒冷时也可以派上用场。只是贴在背上就很温暖。纸张可以塞进背包与背部中间，平时背的时候还可以当作靠垫，非常方便。

暖空气会逐渐往上升

像这样穿着多层衣服后，身体就会被包围在暖空气当中。这时你要格外当心，由于热空气会逐渐往上升，如果脖子周围没有任何衣物，暖空气就会从那里跑出去了。使用领巾或围巾等把脖子围起来，不但能保持手、脚温暖，还可以让冷的感觉大幅降低。戴 2 双手套，穿 2 ~ 3 双袜子也会有效果。另外，戴上帽子会感到特别温暖。

夹克
里面塞有棉花的

领巾
丝绸的很温暖。
把妈妈的旧领巾
借来用吧

毛帽
可以遮住耳朵的

长袖上衣

毛衣

毛手套

毛料或灯芯绒
的长裤
冬天穿牛仔裤
太冷

将气垫膜放进背包
的背部处。冷的时
候就把它塞进衣服
之间

毛袜

运动鞋

登山外裤
寒冷时，把它穿在
裤子的上面

暖宝宝
放在衣服之间，或是
用来让手保持温暖都
很不错

43

用动物毛做成的御寒衣服

安哥拉山羊

马海毛毛衣

渔夫毛衣

羊

羽绒外套

鹅

克什米尔羊毛衣

骆驼

山羊

驼绒衫

人类使用看上去就很温暖的动物毛来制作衣服。它们有弹性、重量轻、即使被雨淋湿还能保暖。这是动物送给我们的温暖礼物。

科维昌毛衣

羊

马海毛毛衣

安哥拉山羊

羊驼毛衣

羊驼

选择内衣裤

夏天穿棉质的内衣最好

因为内衣是贴身衣物，所以最重要的是选择触感良好的。棉布可以立刻吸汗，而且会迅速变干。T恤大部分都是用棉布制成的，直接穿在身上触感很好。而且卷起来就会变小，所以请多带几件去吧。被汗水濡湿的T恤，用河水简单搓洗一下，晾干之后穿起来又会很舒服了。走路时把它披在背包上，很快就会干了。

冬天穿暖和的毛料（羊毛）内衣最好

毛料内衣具有伸缩性，所以很合身，肌肤触感也很好。而且即使湿了，也不太会觉得冷。只要看内衣上附的标签，你就会发现写着毛100%、毛90%＋尼龙10%、毛70%＋尼龙30%之类的标示。衣物内含毛的成分越多，穿起来就会越暖和。

内衣的长度要够长，记得把它好好地塞进裤子里。弯腰的时候背部不能露出来。袖子选择到手腕的长度，可以防止冷风从手腕处吹入，穿起来会更暖和。

内衣也要穿两层

冷的时候相比只穿一件厚重的内衣，穿两件较薄的内衣更温暖。如果你觉得很冷就立刻穿上去，觉得很热就脱掉。在野外的时候，不嫌麻烦地穿穿脱脱是非常重要的。说到这里，大家知道自己有多少件、什么质料的内衣吗？如果不知道，请你试着查查看吧。在野外是无法倚靠父母的。不论是穿还是脱，都得靠自己的判断去做。仔细找出好穿的内衣、暖和的内衣之后，把它们记下来吧。

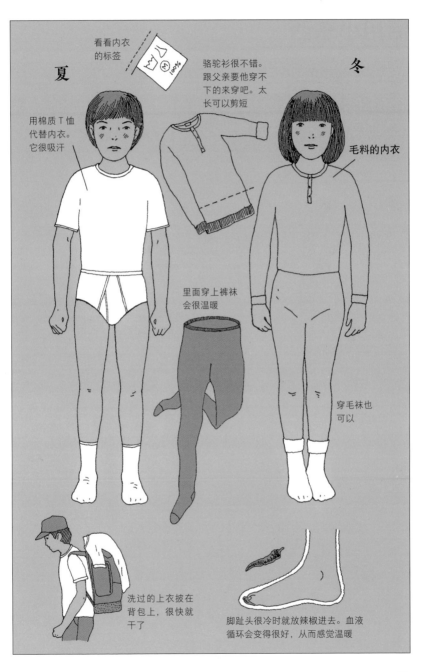

夏

冬

看看内衣的标签

用棉质T恤代替内衣。它很吸汗

骆驼衫很不错。跟父亲要他穿不下的来穿吧。太长可以剪短

毛料的内衣

里面穿上裤袜会很温暖

穿毛袜也可以

洗过的上衣披在背包上，很快就干了

脚趾头很冷时就放辣椒进去。血液循环会变得很好，从而感觉温暖

47

活用小东西

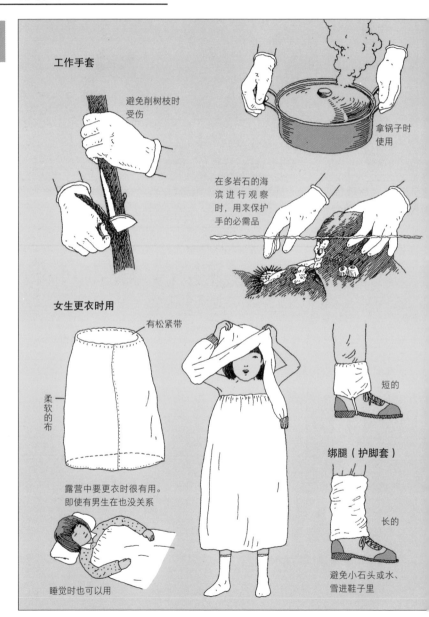

工作手套

避免削树枝时受伤

拿锅子时使用

在多岩石的海滨进行观察时，用来保护手的必需品

女生更衣时用

有松紧带

柔软的布

露营中要更衣时很有用。即使有男生在也没关系

睡觉时也可以用

短的

绑腿（护脚套）

长的

避免小石头或水、雪进鞋子里

在所有小东西里面，最常使用且方便的物品就是工作手套和布。如果考虑会弄湿的情况，至少得准备两份。领巾之类的物品，选择比较大的尺寸。

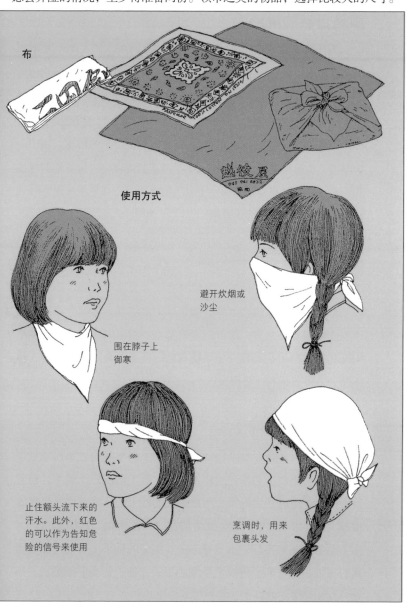

布

使用方式

避开炊烟或沙尘

围在脖子上御寒

止住额头流下来的汗水。此外，红色的可以作为告知危险的信号来使用

烹调时，用来包裹头发

即使下雨也很有趣

雨是自然的淋浴

为什么人在逐渐长大之后，就会变得讨厌下雨天呢？其中似乎又以日本人最讨厌下雨。雨刚下起来，大家就会迅速地躲到屋檐下，而雨伞的销路也越来越好。在我去过的国家当中，从没见过对下雨反应这么快的民族。除了雨势很大的暴雨之外，其他国家的人都会若无其事地走在路上。请你不妨把天空洒下来的雨水，当成一场淋浴。不论是草或是树，被雨水淋过才会闪耀出生机盎然的绿色光芒。试着脱掉衣服，感受一下自然的淋浴吧。如果是在露营时大伙一起这么做，那真的很有趣。

淋湿后不要忘记换衣服

光着身子淋雨这种事，当然只有在夏天才可以做。即使是夏天，下雨过后气温也会下降，如果被雨水淋湿，体温会降低，放任不管就很容易感冒，所以一定要小心。在雨中玩耍之后，要把头发和身体擦干，而且一定要换衣服。换上干爽的衣物之后，身体就会觉得很暖和、很舒服。

湿了的东西要晾干

如果去野外是当日来回，只要把湿了的东西放进塑料袋里带回家即可。不过，如果是要露营过夜，湿了的东西不晾干，就容易发臭，严重时还会发霉。可以把它们拧干后，晾在通风良好的地方。裤子等大件的衣物，就请朋友们一起帮忙，用力把它拧干。用干毛巾包起来再拧干也是好方法。湿了的鞋子里则塞进揉成团状的报纸，隔一阵子再换上干燥的报纸，鞋子就会干得很快。毕竟一直穿着湿湿的鞋子，实在很不舒服。

为了不弄湿替换用的
衣服，要把它们放进
塑料袋里

用毛巾包起来拧干，
会干得更快

在湿了的鞋子
里塞进报纸

一个人抓紧其中
一端，另一个人
则用力拧干它

下雨天可以看见
生物与平常不同
的姿态

51

避免被雨淋湿的要领

行动中下雨很麻烦

虽然说下雨很有趣，但如果在登山途中，或气温很低时下雨，还是很麻烦的。这个时候，请你立刻拿出雨伞来撑，只要不是斜向的雨，撑伞是最好的方式，所以别忘了随身带一把轻型的折叠伞。然而，撑伞时有一只手不能用，再加上路面变得湿滑，所以也要随时注意脚下的情况。

雨衣的选择

如果雨势看起来会变大，就要快点拿出雨衣穿上。雨衣有上衣与裤子分开的，还有斗篷式的。斗篷式雨衣从头到脚包含背包在内，全都可以罩进去，但是在野外的时候，这种雨衣也有它的问题。因为平时我们一走路就会流汗，再加上穿了雨衣，里面被蒸热后，汗水就会流个不停。如此一来，即使没有被雨水淋湿，里面也汗水淋漓了。目前市面上已经出现不会被雨淋湿，而且还能将内部湿气往外发散的新雨衣材料，但制作得还不算完善。

穿上雨衣，就要脱掉一件衣服

说到这里，不论是斗篷式的或上下两截式的，让我们试着用现有的雨衣，想出尽量不被雨水淋湿的方法吧。例如：在穿上一件雨衣时，就先脱掉一件身上的衣服，再把脱下来的衣服放进塑料袋，收到背包里，如果流汗，就等到最后再换衣服。我们多少会被雨水或汗水弄湿，这也是没办法的事，了解这一点，以后出门之前，最好记得多准备一些干的衣物。此外，也别忘了在背包和鞋子上喷防水喷雾，防止雨水渗入。

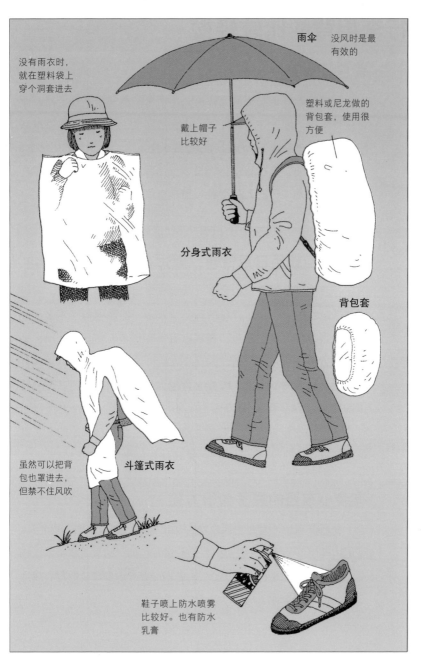

没有雨衣时，就在塑料袋上穿个洞套进去

雨伞　没风时是最有效的

戴上帽子比较好

塑料或尼龙做的背包套，使用很方便

分身式雨衣

背包套

虽然可以把背包也罩进去，但禁不住风吹

斗篷式雨衣

鞋子喷上防水喷雾比较好。也有防水乳膏

53

行李用背的比较轻松

背包是为了空出双手

到野外走一走立刻就会知道，手上拿东西非常不好走路，而且还很危险。因为如果被绊倒，或突然间发生意外时，你就没办法用手去支撑身体了，所以请你把两手空下来。行李与其用手拿，还不如用背的，这样感觉会轻很多。你看过从背后看去，好像连头都被藏起来一样的大行李吗？很难想象把那么庞大的行李用手扛着走路吧。

当日来回就用日用背包，要过夜就用较大的背包

让我们来看看背包的种类。从当日来回用的小型背包，到可以放进睡袋的大背包，背包的种类非常多。能装的行李不多，但背起来很方便的日用背包，在城市里也有很多人在日常使用，是一种很方便的背包。但是，一旦要在野外过夜，不论是睡袋或食物，行李量会增加不少，因此大背包也是不可或缺的。过夜时使用的背包，容量要有 30 升左右，才能满足需求。携带大件行李时，背架式或外架式背包虽然方便，却不适合身材娇小的人。也可以借由物品的装法或肩带的调整，让背包和身体更为贴合。

有装小东西的袋子会很方便

在行李当中，有些东西要经常拿出来用。例如地图、指北针、笔记用具、刀子等，这些东西要是放在背包的口袋里，或是系在腰上的腰包里，拿出来就很方便。如果你穿着有很多口袋的背心或上衣，放在里面也很好。

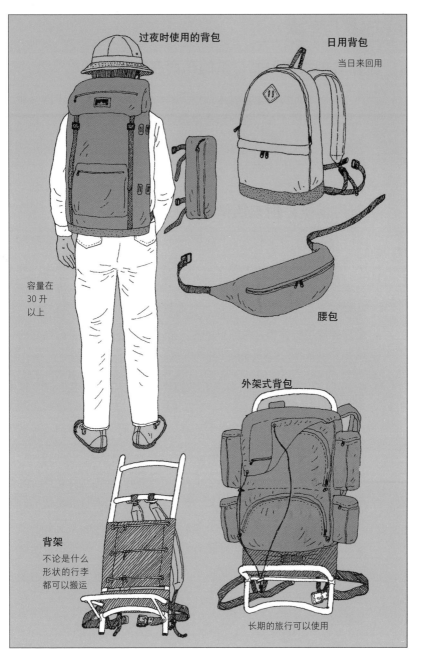

过夜时使用的背包

日用背包

当日来回用

容量在
30 升
以上

腰包

外架式背包

背架

不论是什么
形状的行李
都可以搬运

长期的旅行可以使用

55

背包的装法

轻的东西在下面，重的东西在上面

感觉好像说反了，但在背行李时，重的东西要放在上面。如果把重的东西放在下面，那身体就会往后仰，使我们在向上或向下爬时，身体呈现前弯的姿势。所以要把重的东西放在较高的位置，这样它的重量就会分布在脚上了。

利用袋子，把东西依种类分开

背包是个很大的袋子。如果把什么东西都塞进里面，要拿出来时就会很难找。动动脑筋吧！把食物、食器、衣物、药……各自放进不同的袋子里，就能把东西分装成几个小包了。准备好一些棉布袋、塑料袋后，将物品分别放进去。替换衣物最怕湿了，所以就放进塑料袋，而棉布制的袋子，最适合拿去装柔软易坏的东西。棉布袋用旧的内衣做就可以了。

易受损物品的装法

接下来，让我们来分装容易受损的物品和不容易受损的物品吧。相机、手电筒、食物中的蛋类，一撞到就很容易坏掉或碎掉，这些物品要放在上面，然后在下面放入轻而大的东西，像是睡袋或衣物。接着再依序放入食器、炉子、食物。重物与容易受损的物品之间，必须塞进布或纸等当成缓冲垫。手电筒要确定它的电源开关不会松动，以免电源随着背包摇晃而开启，等抵达目的地后才发现电池已经没电。把电池方向装反，或在中间夹纸进去都可以。东西装好后试着背背看，确认左右的重量是否相等。这就是最后的检查了。

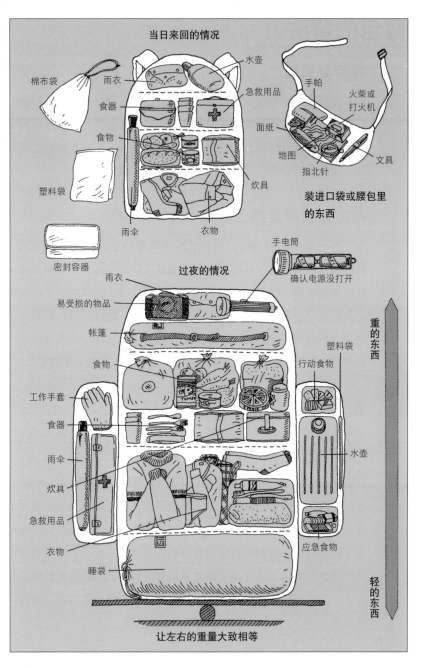

当日来回的情况

水壶
棉布袋
雨衣
食器
急救用品
食物
手帕
火柴或打火机
面纸
地图
指北针
文具

装进口袋或腰包里的东西

塑料袋
炊具
雨伞
衣物

密封容器

过夜的情况

手电筒
确认电源没打开

雨衣
易受损的物品
帐篷
食物
工作手套
食器
雨伞
炊具
急救用品
衣物
睡袋

塑料袋
行动食物
水壶
应急食物

重的东西
轻的东西

让左右的重量大致相等

背包的背法

肩带要系紧

背背包时，背包和背部之间不要有缝隙。如果有缝隙，代表肩带太松了。即使手穿过去时很轻松，身体在走路时却会被往后拉，使肩膀开始疼痛。因此肩带要调得紧紧地，使背包贴合在背部。如果能感觉背包像是身体的一部分，就太完美了。

背大背包时要扣上腰带

不论是多么有力气，要长时间背着重物走路，都是很辛苦的。尤其是要在野外住宿时，行李的量可是很多的。为了避免对身体造成负担，就必须要学会背负重物的技巧了。其中一个方法便是把重量分散到腰部上，而不是只用肩膀。意思是说，要把大背包上所附的腰带给扣上。扣上腰带之后你会发现，又大又重的背包可以稳稳地贴在背部，而身上的重量，也似乎变轻了许多。

背上背包走走看

你的背包有紧贴在背上吗？有没有被很硬的东西顶住身体而感觉疼痛呢？背包如果装得太松，里面的东西就会移动。试着在背部的位置，放进可作为靠垫的平软物，例如气垫膜或报纸等，这样背起来就会轻松许多。也可以把当作砧板使用的合板一起放进去，让靠垫更稳定。试着背上背包走走看，边走边调整你的肩带。出门之前，要把所有东西都再确认一遍。这些一开始觉得很麻烦的事，随着去野外的次数越来越多之后，自然而然就会熟练起来，而且可以很快完成了。令人惊讶的是，背包竟然也会越背越合身。

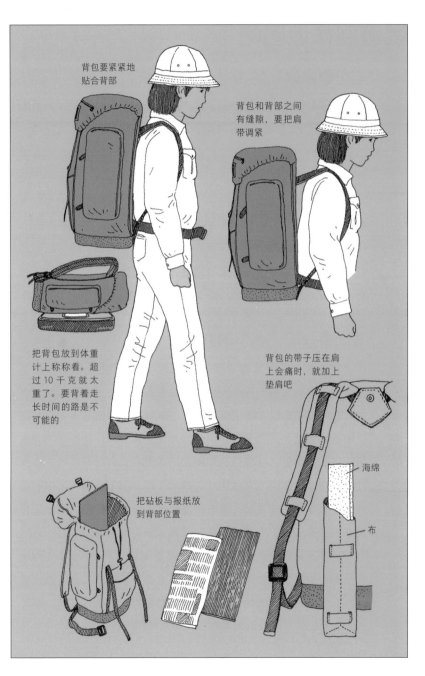

背包要紧紧地贴合背部

背包和背部之间有缝隙，要把肩带调紧

把背包放到体重计上称称看。超过 10 千克就太重了。要背着走长时间的路是不可能的

背包的带子压在肩上会痛时，就加上垫肩吧

海绵

布

把砧板与报纸放到背部位置

试着制作地图吧

画出你家附近的街道地图吧

准备好步行所需要的装备后，差不多就可以出发了。和每天走惯的通勤路线不同，野外的路径，经常是很陌生的。这时候，不可缺少的东西就是地图了。自己在什么位置、距离目的地有多远、途中有没有危险的场所……这些信息都可以从一张地图上读到。只要有地图，即使迷路也会比较安心，因为我们不但可以用地图来确认自己的位置，还可以找出正确的路线。为了读懂地图，我们得先认识地图的使用规则和符号的意义，而最快的方法便是自己制作地图。就当是要把自己居住的地方介绍给朋友，试着画出一张你家附近的地图吧。

首先要知道"北"的方位

为了做出让大家都看得懂的地图，最基本的规则，就是要在地图上定出方位。在地图里，北方要在上面，这么做之后，看的人就可以找出目的地的方向了。怎么做才能找出北方呢？最简单的方法就是使用指北针。将指北针水平放置后，指针会明确地指明南北的方位。有颜色的那端指出的方位是北方。不过，指北针在铁路或电线旁（有使用铁的场所）时，偶尔会指不出正确的方位，这点要稍加注意。没有指北针时，请参考右图用手表来找出北方。事实上，即使没有这些工具，只要知道太阳升起的方位（东），或落下的方位（西），大致上就能知道北方在哪里了。确认方位后，接着将道路画进去。每一条街道宽、窄的差异，都要画得让人看得出来，而十字路口与死路也都要画得清清楚楚。别忘了，也要把住家附近的火车站、公交站牌都画进去。

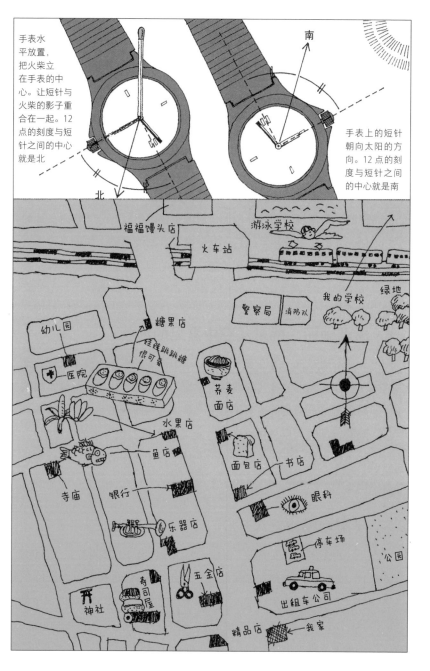

手表水平放置，把火柴立在手表的中心。让短针与火柴的影子重合在一起。12点的刻度与短针之间的中心就是北

南

手表上的短针朝向太阳的方向。12点的刻度与短针之间的中心就是南

北

福福馒头店
火车站
游泳学校
我的学校
绿地
警察局　消防队
幼儿园
糖果店
硅硅跳跳糖很可爱
荞麦面店
医院
水果店
面包店
书店
鱼店
眼科
寺庙
银行
乐器店
停车场
公园
神社
寿司屋
五金店
出租车公司
精品店
我家

61

读懂地图①

地图是以符号标记的

制作插画地图时，道路弯曲的角度有多大、高的建筑物与低的建筑物要如何标示……大家应该会有许多疑问才对。现在市面上的地图都是经由测量，将道路准确地标示了出来，而建筑物、铁路等，则全部用符号来标记。学校、寺庙、医院等这些全国数量众多的设施，也都有统一固定的符号，因为对看的人而言，这样的标示比较好懂。符号也是地图重要的组成部分。将前一页的插画地图改用符号标记后，就会变成右图的模样。如果看得懂这些符号的人，大概一手拿着这张简单的地图，就能立刻去你家拜访了吧。

所谓地图，就是从空中看见的形状

所谓地图，是将实际大小缩小了许多的东西。简单来说，地图就和从飞机上看到的地形是一样的。随着飞机越飞越高，建筑物和道路也就变得越来越小了。日本的地图是由建设省国土地理院发行的，而用来做参考的，正是从飞机上拍下来的航空照片。让飞机飞到一定的高度后，拍下日本每个角落的照片，以此制作出正确的地图。

了解地图比例尺

根据实际长度缩小了多少来看，地图有1∶25000、1∶50000、1∶100000等种类。也就是说，在1∶25000的地图里，实际的25米会变成1毫米；在1∶50000的地图里，50米则会被画成1毫米。所以1∶25000的地图内容会比较详尽。现在，日本所有地点的地图表现得最详尽的，就是1∶25000的地图。

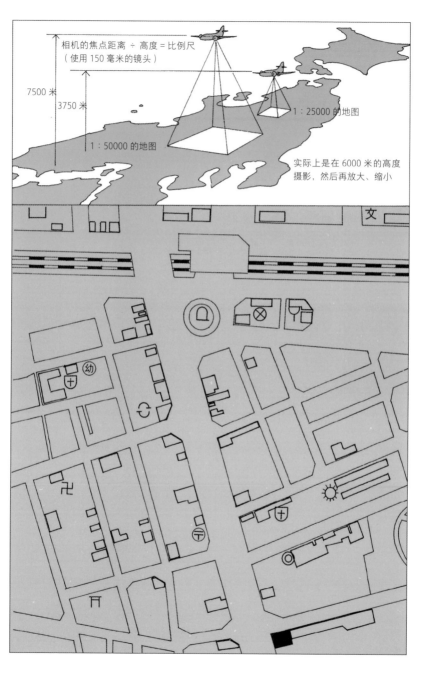

相机的焦点距离 ÷ 高度 = 比例尺
（使用 150 毫米的镜头）

7500 米

3750 米

1：50000 的地图

1：25000 的地图

实际上是在 6000 米的高度
摄影，然后再放大、缩小

文

幼

卍

读懂地图②

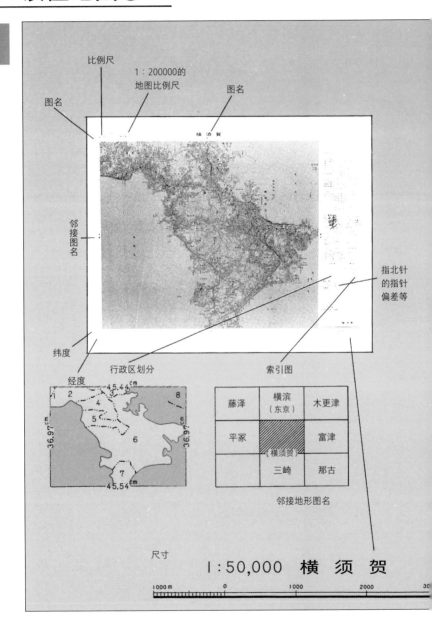

比例尺

1:200000的
地图比例尺

图名

图名

邻接图名

纬度

经度

行政区划分

索引图

指北针
的指针
偏差等

藤泽	横滨 （东京）	木更津
平冢	（横须贺）	富津
	三崎	那古

邻接地形图名

尺寸

1:50,000 横 须 贺

1000m　　0　　　　1000　　　2000　　　30

下面是 1∶50000 的地图里所标记的符号。把它们当成阅读地图的基本知识记起来吧。此外，试着查查看自己所住的城镇地图里，有些什么样的符号。

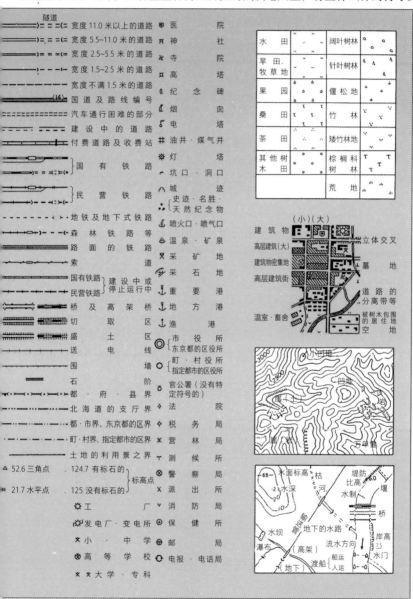

资料来源·日本建设省国土地理院发行 1∶50,000 的地图

地图的使用法

从地图上了解距离

现在，实际拿着地图去野外吧。然后试着以地图确认看看，自己是否走在正确的路上，朝着目的地前进。将实际看得到的建筑物与山的位置，拿来和地图对照一下，这个动作，尽量多做几次会比较好。休息时，也要养成确认地图的习惯。还有，当我们想知道是否按照预定的路线在走、抵达目的地的距离或时间时，地图上都标有可辨别实际长度的比例尺。如果想测量的距离大部分是蜿蜒曲折的，这时候就把绳子或线放到想测量的路线上，最后再把它拉直，测量出长度。此外，也有用指头宽度当成衡量标准的测量方法。由于很方便，所以请在本书最后所附的表格里，将自己的尺寸记录进去吧。

画上磁北线

有些地图的右下方，会标示"磁针方位约西偏6°50'"的字样。这表示指北针所指出的北方，与地图上所画出来的实际北方有误差。这种时候，指北针指出的是比地图上的经线（纵线）斜6°50'的西方了。为什么会发生偏差呢？这是因为，地图是以地球的正北方为基准而制作出来的，相较之下，指北针所指的北方却会依据场所不同，而一点一点地出现误差。这个误差，只要依地图上所写的角度去画出一条线，就可以解决了。买了地图，确认过误差的角度后，在最右边的经线上画出那个角度的线，这条线就称为磁北线。由于误差相当微小，所以在大部分的行动上都不会发生问题，但万一不小心迷路时，它就是必要的了。因为使用指北针寻找道路时，如果不参照磁北线，是有可能受那微小的误差影响而找不到路的。

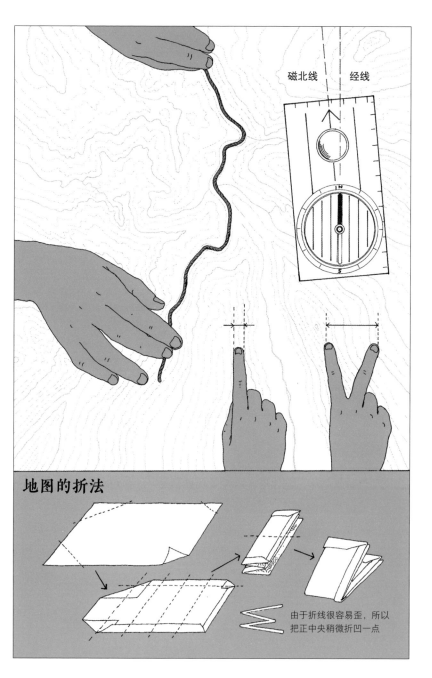

磁北线　　　经线

地图的折法

由于折线很容易歪，所以
把正中央稍微折凹一点

67

从等高线了解山的情况

等高线表示了土地的高度或形状

地图上将道路、铁路、电线等眼睛实际上看得到的东西，以各式各样的线条符号去表示。不过，实际上无法用眼睛确认的线，地图上也画了。如区域界线和等高线便是如此。区域界线是用来表示县或乡镇的边界，并非真的有线存在。等高线则是画在山谷周遭、像波纹般的环形线，表示出土地的高度和形状。仔细看看等高线会发现，上面都写有数字。例如写了 800 的，代表高度是标高 800 米的意思。顺着一条等高线绕转一圈，最后还是会回到出发点上。等高线绝对不会相交在一起。

画出剖面图，了解山的地形

在 1:25000 的地图里，每 50 米会画一条粗的等高线（写有数字的），每 10 米则会画一条细的等高线。等高线的方便之处，就是可以让人依据它来想象出地形，而了解地形的简单方法，就是制作一张像右图一样的剖面图。倾斜度平缓的地方，等高线之间的宽度会比较大；倾斜度急遽的地方，等高线之间的宽度就很狭窄，这些大家应该看得出来。在绘制过几次剖面图之后，只要看到等高线，脑中便会自然浮现出地形了，而且也会开始了解山与山之间的情况。这种能力只能靠练习养成，所以别嫌麻烦，要试着多做几次剖面图。方格纸的刻度很清楚，用它来画会很方便。如果你能学会从等高线看出山的情况，那就太棒了。一旦熟练以后，看到山的照片，把它拿去和地图对照一下，就会连从哪里拍的都知道了。地图是只要我们想知道，就会提供给我们许多信息的东西。

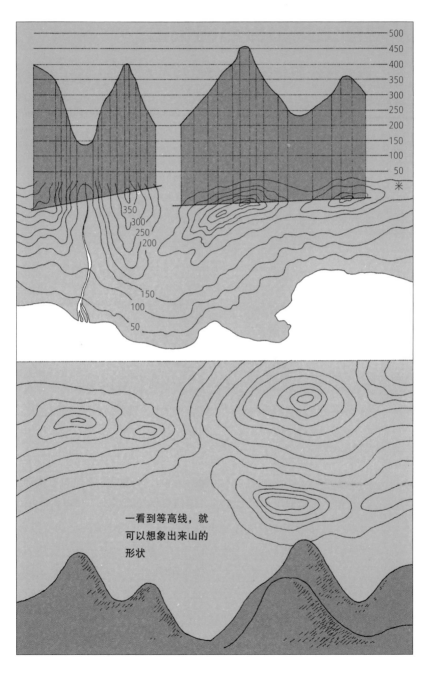

一看到等高线，就可以想象出来山的形状

从地图上找出自己的位置

测量两个目标物的角度

走着走着就迷路了，搞不清楚自己现在的位置该怎么办？假如是在森林或山谷里，就先爬到视野开阔的位置去。接着，从眼前所见的景物里，找出两个地图上也有标示的山或建筑物。在地图上找出这两个目标物后，大致上就能掌握住自己的所在位置才对。不过，为了走回正确的道路，得再慎重一点，调查清楚位置。如果有像右图一样的定向型指北针，操作起来就很轻松了。首先，①身体面向目标物之一的 A。②将指北针的进行线朝向目标 A，然后转动转盘，使转盘内的箭头与指北针的北方重叠在一起。③读出两者重叠在一起时上方的刻度。这个就是 A 的角度。④以同样的方法，测出目标物 B 的角度。

用指北针找出地图上的目标物

接下来就是在地图上作业了。画上几条与前边提到的磁北线平行的线后，就很容易懂了。配合指北针上的北方，将地图正确地摆好。然后将指北针前方的一角，对着地图上的目标物 A。将转盘刻度配合先前查出来的 A 的角度，并且使转盘内的箭头与磁北线平行，这样便确定了指北针的位置，而自己就是在从 A 顺着指北针边线延伸出来的线某处。用铅笔把线画出来。接着在 B 上也进行相同的作业。从 A 画出来的线与从 B 画出来的线的交点，就是自己目前的所在地。因为角度也有量错的时候，所以多找一个目标物，以三个点来确认，得到的结果会更准确。只是看书会觉得有点难懂吧，试着在住家附近，拿着地图和指北针练习看看吧，实际操作之后就会觉得很简单。别忘了画上磁北线，直接用经线去对，位置是会偏的，所以一定要注意。

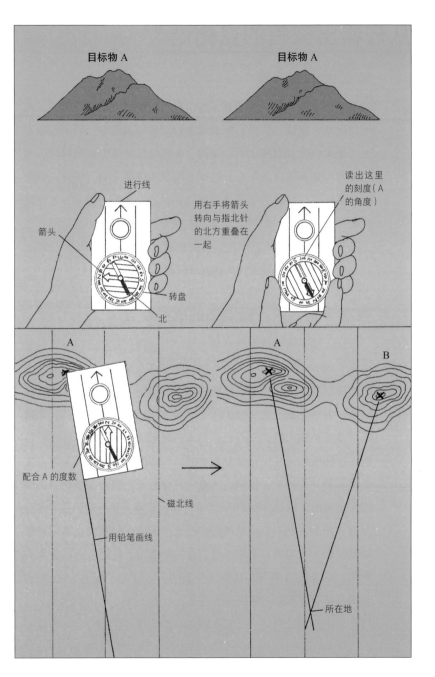

目标物 A

目标物 A

进行线

箭头

用右手将箭头转向与指北针的北方重叠在一起

读出这里的刻度（A的角度）

转盘

北

A

A

B

配合 A 的度数

磁北线

用铅笔画线

所在地

71

从云看出天气的变化

知道天气的方法

要去野外时，会很在意天气。想要知道目的地的天气时，可通过网络、电视、广播、报纸等去获得最新的信息。如果有收音机，还可以带到野外去听。现在，在各电台的整点新闻时段，大多会有气象报告，尤其在台风季节或暴雨来袭之前，更会一直听到收音机里在播放天气信息。不过，一旦出发到了野外，而且又没有带收音机时，就只能靠自己的眼睛去得知自然的变化了。要抬头看天空，从天空的颜色、云的种类、风的方向去做天气预报。从自然的模样去判断天气，这就是所谓的观天望气。

在观天望气中，最准确的就是看云

让人搞不清楚状况的事情，可以用"像是在抓云一样（不着边际）"来形容。不过，如果记住了云的形状和性质，抬头看天空时能够判断出是什么云，就能够确实掌握住天气的变化了。话说回来，要事先做几天后的预报是不可能的，看了天空之后，知道的最多是一整天的天气而已。一天听起来好像很短，但是在野外时，这期间的天气可是非常重要的。假如感觉像是快下大雨，就必须立刻掉头回去。山崩、落石、打在山上的雷，都远比我们的想象更可怕。右边所列举出的10种云，希望大家都能记住。名称里有"积"字的云是块状的云，与大小无关，是呈现出厚厚膨膨形状的云。相对地，名称里有"层"字的云，则是展开在整片天空里，完全没有断开，具有沉重感的云。因此，所谓的层积云，指的就是厚厚膨膨、绵延不断的云。

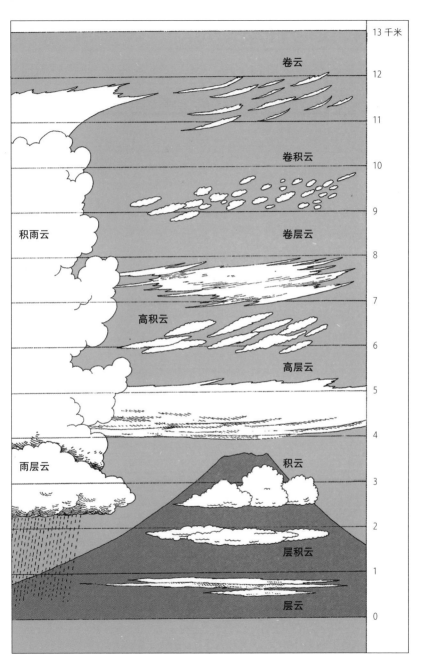

73

云的种类与性质

　　卷云→卷层云→高层云→雨层云，像这样子的云的转变，经常会演变成下雨的情况。日本的天气，大部分都是由西往东移动的。所以即使天空被雨层云覆盖住，只要西边的天空还稍微看得见晴空，天气经常都会转好。

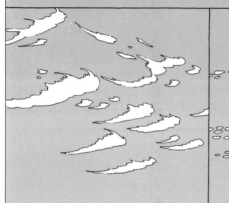

卷云　条云。让我们知道有低气压接近。出现半天或一天后会下雨。

卷积云　又称为鱼鳞云、沙丁鱼云。出现大约半天后会下雨。

卷层云　薄云。会引起日晕、月晕现象的就是这种云。出现大约半天后会下雨。

高积云　羊云。由西往东飘，天气会变差；由东往西飘，天气会变好。

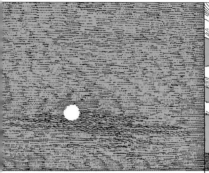

高层云 春季的朦胧月夜或阴天，都是来自这种云的影响。出现数小时后会下雨。

层积云 乌云。如果是由南往北飘动，天气会变差。

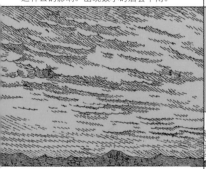

雨层云 所谓的雨云、雷云。大部分情况下，高层云会出现在这种云之前。

积雨云 夏天会带来午后雷阵雨，冬天则是下大雪。天气变坏的时间很短，伴有雷电。

积云 绵云。这种云出现期间，天气不会变坏。夏天时，云体变大就成了积雨云。

层云 雾云。夏天早晨，山麓的层云逐渐往山上飘散，天气会变好。

预测天气①

会转为坏天气的云

在了解各种云的性质后，让我们整理出会转为坏天气的云的样子吧。

● 山被云覆盖住就会下雨（图①）。

不论是笠云、吊云都一样，一天内就会下雨。

● 透镜云表示风会变强（图②）。

呈现透镜或圆盘状的云飘浮在空中，数小时后就会吹起强风。

● 日晕、月晕现象代表会下雨（图③）。

卷层云呈轻纱状覆盖天空时，大约半天之后天气就会变差。

● 朝霞雨，晚霞晴（图④）。

会出现朝霞是因为西边天空有云的关系，所以天气会变差。

● 云的行进方向不同会下雨。

上面的云与下面的云彼此呈反方向行进，是低气压或台风正在接近的前兆。也被称为云的吵架。

造成坏天气的最大原因是低气压

云层变厚、天气变差时，暖空气会被往上推，形成上升气流。相反，天气很好时，看到的则是下降气流。形成上升气流的原因有很多种，不过其中最大的原因就是低气压。请看看右边天气图中的等压线，它与出现在地图里的等高线是不是很相似？也试着做出剖面图吧。就像河水会从高处往低处流一样，空气也会从高气压流向低气压。流进去的空气越多，被往上推的上升气流也就越强。天气在暖锋接近时，会持续下很久的雨；在冷锋接近时，会容易打雷。冷锋通过后，天气就会恢复平稳。

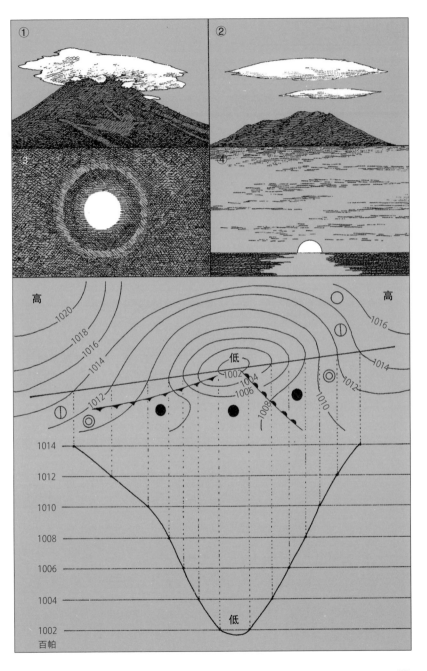

预测天气②

山看起来很远会晴天，看起来很近会下雨

干燥的好天气，可以看见远方的山；但天气一旦转坏，远近感就会变得朦胧不清。

能清楚听见列车声音时会下雨

在地面与天空温差小的阴天里，声音的传递会变得很好。

猫咪洗脸代表会下雨

猫用前脚做出洗脸的动作，据说是因为在湿度高、快要下雨的日子，跳蚤就会活跃起来。

青蛙鸣叫代表会下雨

青蛙皮肤很薄，对湿度变化很敏感，下雨前会叫得比平常还激烈。这个预测经常很准。

早晨蜘蛛网上结有水滴会晴天

在天气好的日子里，昼夜温差很大，空气中突然遇冷的水蒸气就会变成水滴。

鱼跃出水面会下雨

据说远方天气变差时，这种变化会迅速地传入水中，使鱼惊慌而跳起来。

与天气有关的谚语很多。虽然不是 100% 准确，但在观天望气上是很有用的。各地方也有一些独特的谚语，大家不妨试着调查看看吧。

燕子飞得很低会下雨

天气变差时，昆虫会飞离地面很近。这时，要捉虫的燕子也就会飞得很低。

冬雷会引发大雪

冬雷大多发生在日本海一侧。这是受到西北季风的影响，形成大雪的概率将近 70%。

蚯蚓钻出地面代表快要下雨

天气变差时，湿度会增加，蚯蚓就可能从变软的地面中钻出来。

春天的南风会引发雪崩

春天的南风，经常在日本海上有低气压时吹起，这种暖风会使雪融化，所以很危险。

霜在朝阳之下闪闪发光会放晴

晚上很冷时才会结霜。所以昼夜温差大，就会放晴。

早晨下雨就可以卷起衣袖了

是指早上下的雨很快就会停，所以可以卷起衣袖、准备洗衣服。

天气图的读法与锋面

天气会由西往东移动

电视或报纸上，经常用天气图来解释与预测天气的形态。虽然是很小的天气图，上面却不只是传达"今天东京是晴天，大阪是雨天"而已，而是告诉我们更多事情。也就是说，我们能从天气图上判读出未来的天气。受到地球自转的影响，日本上空吹的是靠西边的风（偏西风）。受到这个从西边吹来的风的影响，天气才会由西往东移动。当然，正确来说并不是全都由西往东，也有朝着东北或东南前进的。但是只要看了到目前为止的行进方向，就会发现，至少 24 小时之内，天气大约都会朝同一个方向、以同样的速度前进，只要这样想就可以了。所以如果是在 24 小时之内，要做出正确的预报是可能的。

锋面，是冷气团与暖气团相遇的交界面

有低气压的地方经常会产生锋面。这就像是水和油不相容而产生的分界线般，是性质不同的空气的分界线。温暖潮湿的空气与寒冷干燥的空气各自形成气团后，并不会混合在一起。那么，锋面附近的天气会变成怎样呢？右边显示的是其中一个例子。现在，假设我们所在的 B 地点，是晴朗的好天气。以目前为止的天气图来判断，天气似乎是在 A 和 B 连成的线上行进着。如此一来，假如我们一直待在 B 地点，就可以预想到天气将会是阴天（◎）、雨天（●），然后再次重复阴天（◎）、雨天（●），之后才会逐渐转好。在暖锋影响下，天气的变化很缓慢，锋面经过时气温就会上升。相较之下，冷锋一接近，天气就会迅速变坏，会下起大雨或大雪、强风大作。然后在锋面通过后，气温会急遽下降。

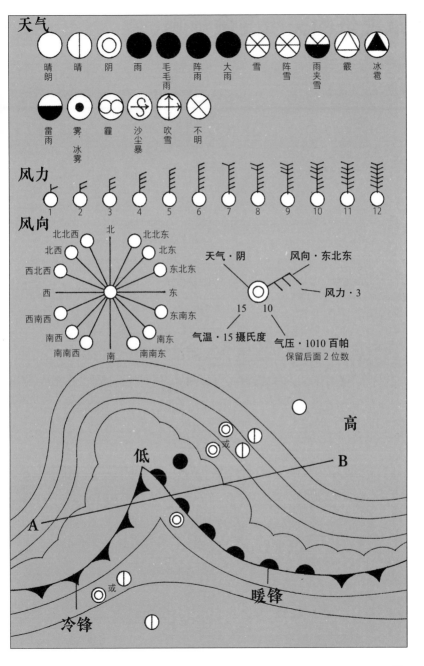

天气

晴朗　晴　阴　雨　毛毛雨　阵雨　大雨　雪　阵雪　雨夹雪　霰　冰雹

雷雨　雾・冰雾　霾　沙尘暴　吹雪　不明

风力

1　2　3　4　5　6　7　8　9　10　11　12

风向

北北西　北　北北东
北西　　　　　北东
西北西　　　　东北东
西　　　　　　东
西南西　　　　东南东
南西　　　　　南东
南南西　南　南南东

天气・阴　　　　风向・东北东

　　　　　　　　　　风力・3

15　10

气温・15 摄氏度　　气压・1010 百帕
　　　　　　　　　　保留后面 2 位数

高

低　　　　　　　　　B

A

暖锋

冷锋

81

从报纸的天气图做预测

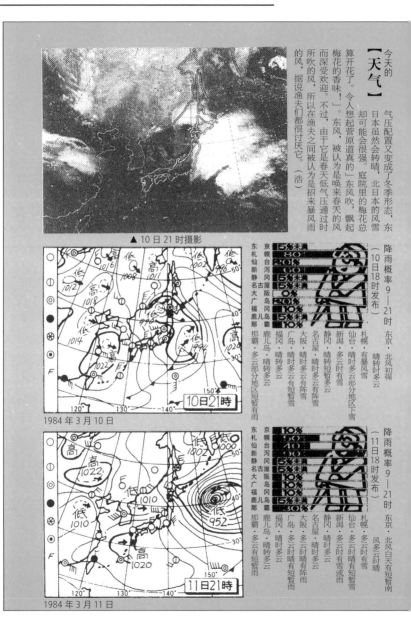

【天气】

今天的

气压配置又变成了冬季形态，东日本虽然会转晴，北日本的风雪却可能会很强。庭院里的梅花总算开花了。令人想起菅原道真的"一东风，被认为是唤来春天的风，飘起梅花的香味！"。不过，由于它是春天低气压通过时所吹的风，所以在渔夫之间被认为是招来暴风雨的风，据说渔夫们都很讨厌它。（浩）

▲10日21时摄影

1984年3月10日

1984年3月11日

降雨概率9—21时（10日18时发布）　东京：北风初强　晴转多云

札幌，有暴雪
仙台，多云部分地区下雪
新潟，多云有雪
静冈，晴转多云
名古屋，晴转多云
大阪，晴时多云有阵雪
广岛，晴时多云有短暂雪
福冈，多云短暂雪
鹿儿岛，晴转多云
那霸，多云部分地区短暂有雨

降雨概率9—21时（11日18时发布）　东京：北风日大有短暂南　风多云时晴

札幌，多云时有雪
仙台，多云时有短暂雪
新潟，多云时有雪
静冈，晴转多云
名古屋，晴时多云
大阪，多云时有阵雨
广岛，多云时晴有短暂雨
福冈，晴转多云
鹿儿岛，晴时多云
那霸，多云短暂雨

为了对天气图更熟悉，让我们来活用网络或报纸上的天气栏吧。知道高气压与低气压的活动状况，便可以预测出明天的天气。

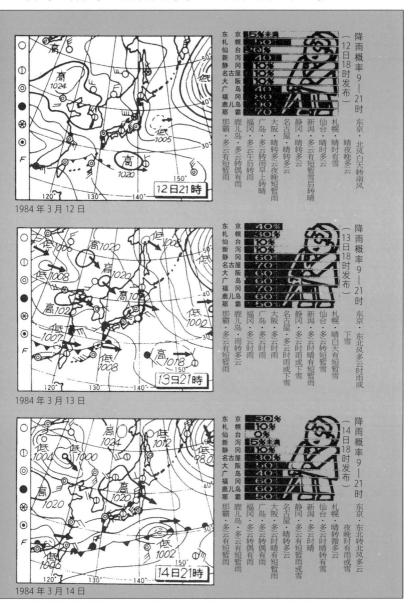

1984 年 3 月 12 日

1984 年 3 月 13 日

1984 年 3 月 14 日

83

日本的天气图

动性高气压

低气压自日本州岛东海上离去后，移动性高气压笼罩整个日本。这是春天和秋天常见的天气类型。高气压中心附近一带是晴天，白天气温很高，但早晚会很冷。高气压通过之后，天气会变坏。

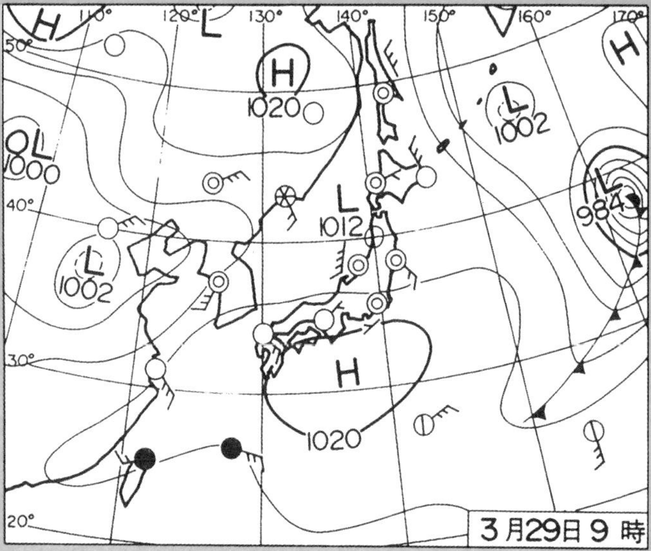

3月29日9时

梅雨锋面

太平洋高气压与鄂霍次克海高气压之间有滞留锋面，会形成梅雨。锋面不断产生低气压并向东推移。受梅雨锋面影响的地区是关东以西，北部并没有梅雨。

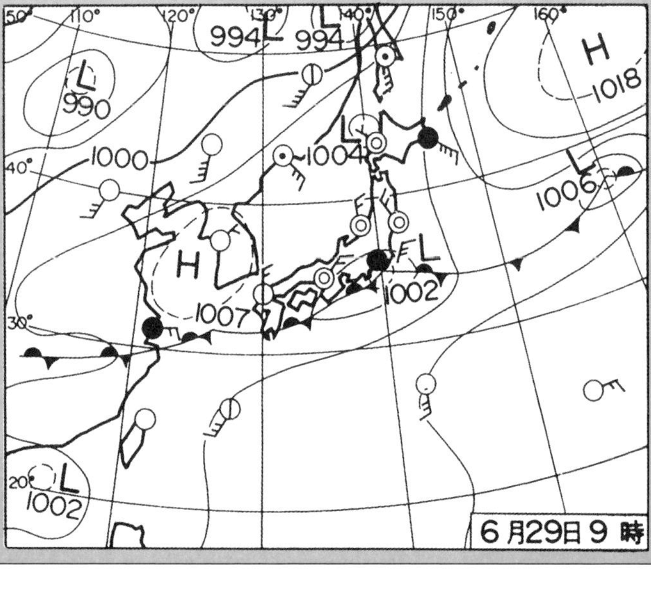

6月29日9时

这里举出的是一整年中，具有代表性的天气图。H是高气压，L是低气压，T则表示台风。日本的天气变化在全世界也算是复杂的。

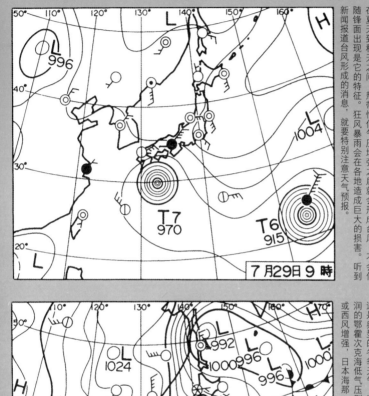

台风

在夏天到秋天之间，热带性低气压增强之后就会形成台风。不会伴随锋面出现是它的特征。狂风暴雨会在各地造成巨大的损害。听到新闻报道台风形成的消息，就要特别注意天气预报。

7月29日 9时

西高东低型

这是典型的冬季天气。寒冷干燥的西伯利亚高气压在西边，寒冷湿润的鄂霍次克海低气压则在东边，气温很低天气严寒。若是西北风或西风增强，日本海那一侧便会下雪。

12月25日 9时

85

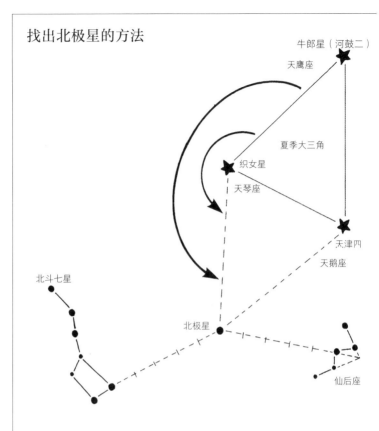

找出北极星的方法

牛郎星（河鼓二）

天鹰座

夏季大三角

织女星

天琴座

天津四

天鹅座

北斗七星

北极星

仙后座

星星的亮度

人类的眼睛能看见的星星，依亮度顺序被分为 1 等星、2 等星、3 等星、4 等星、5 等星、6 等星。1 等星是 6 等星的 100 倍亮度。本书里，把比 3 等星暗的星星，用和 3 等星同样的大小来表示。

★ 1 等星

● 2 等星

● 3 等星以下

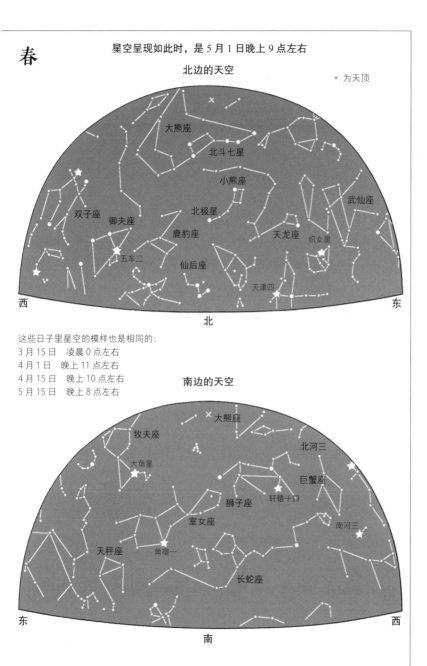

春

星空呈现如此时，是 5 月 1 日晚上 9 点左右

北边的天空

× 为天顶

大熊座
北斗七星
小熊座
北极星
鹿豹座
仙后座
双子座
御夫座
五车二
武仙座
天龙座
织女星
天津四

西　　　　　　北　　　　　　东

这些日子里星空的模样也是相同的：
3 月 15 日　凌晨 0 点左右
4 月 1 日　晚上 11 点左右
4 月 15 日　晚上 10 点左右
5 月 15 日　晚上 8 点左右

南边的天空

大熊座
牧夫座
大角星
北河三
巨蟹座
轩辕十四
狮子座
室女座
南河三
天秤座
角宿一
长蛇座

东　　　　　　南　　　　　　西

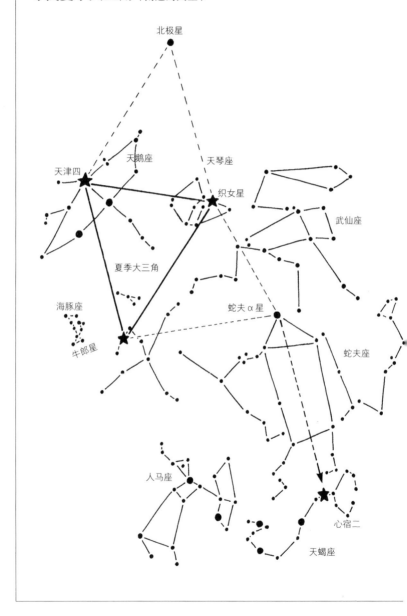

寻找夏季大三角（南边的天空）

北极星

天鹅座

天琴座

天津四

织女星

武仙座

夏季大三角

海豚座

蛇夫α星

牛郎星

蛇夫座

人马座

心宿二

天蝎座

夏

星空呈现如此时，是 8 月 1 日晚上 9 点左右

北边的天空

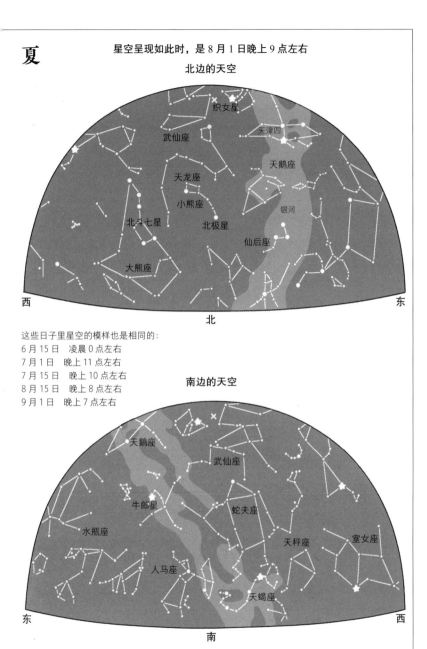

织女星
武仙座
天津四
天鹅座
天龙座
银河
小熊座
北斗七星
北极星
仙后座
大熊座

西　北　东

这些日子里星空的模样也是相同的：
6 月 15 日　凌晨 0 点左右
7 月 1 日　晚上 11 点左右
7 月 15 日　晚上 10 点左右
8 月 15 日　晚上 8 点左右
9 月 1 日　晚上 7 点左右

南边的天空

天鹅座
武仙座
牛郎星
蛇夫座
水瓶座
天秤座
室女座
人马座
天蝎座

东　南　西

星星的移动

北斗七星是一整年都看得到的。观察一年之后会了解到，它们是以北极星为中心点，画出了一个圆，然后绕着它在移动。北极星总是固定在同样的位置上，是独一无二的星星。

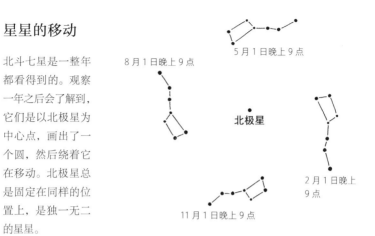

5月1日晚上9点

8月1日晚上9点

北极星

2月1日晚上9点

11月1日晚上9点

星星实际上不会移动，是因为地球在转动，才使它们看起来像在移动。离北极星较近的星星画出的是小圆，较远的星星画出的则是大圆，所以也有被地平线遮住而看不见的时候。

北边天空星星的移动

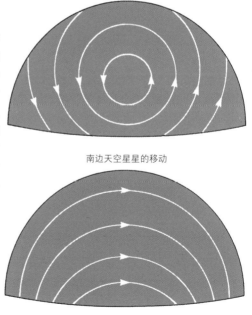

南边天空星星的移动

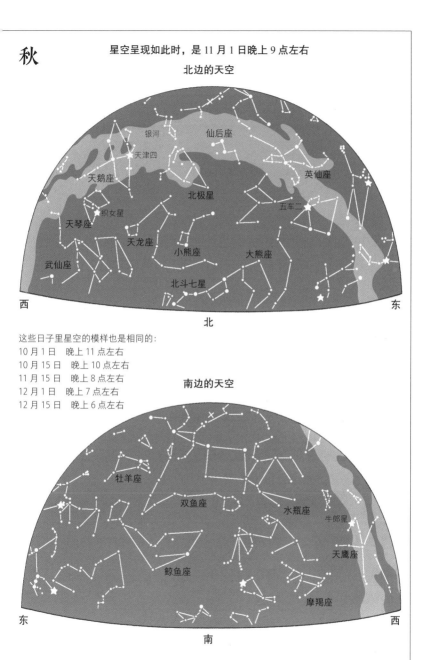

秋

星空呈现如此时，是 11 月 1 日晚上 9 点左右

北边的天空

银河
仙后座
天津四
天鹅座
英仙座
北极星
五车二
织女星
天琴座
天龙座
武仙座
小熊座
大熊座
北斗七星

西　　　　　　　北　　　　　　　东

这些日子里星空的模样也是相同的：
10 月 1 日　晚上 11 点左右
10 月 15 日　晚上 10 点左右
11 月 15 日　晚上 8 点左右
12 月 1 日　晚上 7 点左右
12 月 15 日　晚上 6 点左右

南边的天空

牡羊座
双鱼座
水瓶座
牛郎星
天鹰座
鲸鱼座
摩羯座

东　　　　　　　南　　　　　　　西

寻找冬季大三角（南边的天空）

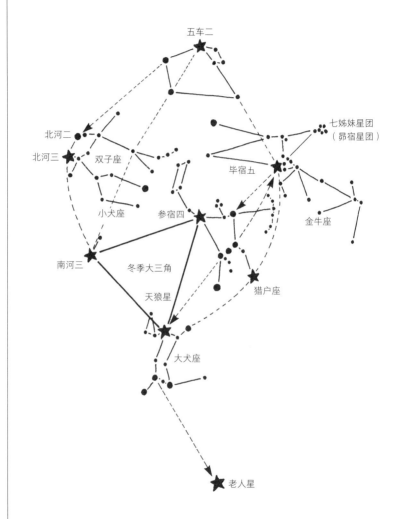

五车二

七姊妹星团
（昴宿星团）

北河二

北河三

双子座

毕宿五

小犬座

参宿四

金牛座

南河三

冬季大三角

猎户座

天狼星

大犬座

老人星

注：星座间的连接线，参考自 H. A. 雷伊《找出星座吧》（日本·福音馆书店）。

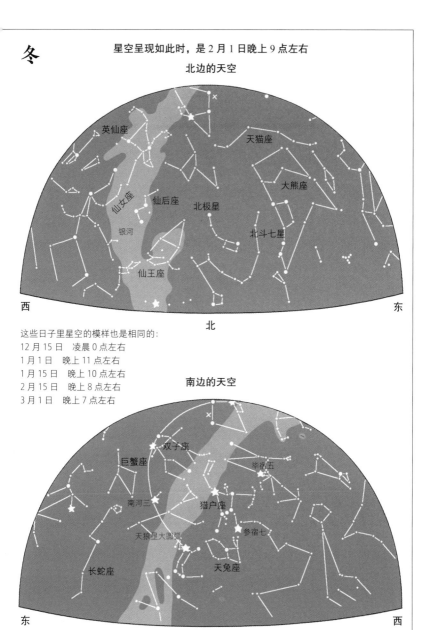

冬

星空呈现如此时，是 2 月 1 日晚上 9 点左右

北边的天空

英仙座
天猫座
大熊座
仙女座　仙后座　北极星
银河
北斗七星
仙王座

西　　　　　　　北　　　　　　　东

这些日子里星空的模样也是相同的：
12 月 15 日　凌晨 0 点左右
1 月 1 日　晚上 11 点左右
1 月 15 日　晚上 10 点左右
2 月 15 日　晚上 8 点左右
3 月 1 日　晚上 7 点左右

南边的天空

双子座
巨蟹座
毕宿五
南河三
猎户座
天狼星大圆弧
参宿七
长蛇座
天兔座

东　　　　　　　南　　　　　　　西

93

潮汐的涨落

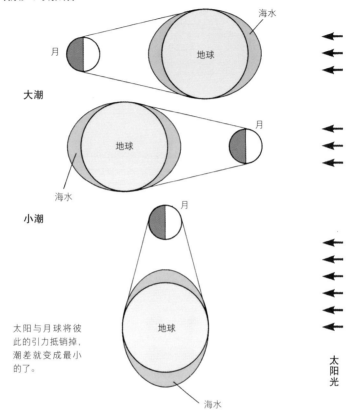

大潮

小潮

太阳与月球将彼
此的引力抵销掉，
潮差就变成最小
的了。

潮汐涨落，是月球与太阳的引力将海水拉引而形成的。
当海面逐渐上升，涨潮涨到最高水位时，称为满潮。相
反，当海面下降到最低水位时，则称为干潮。潮汐的涨
落在一天里会发生两次，但在太阳与月球呈一条直线的
满月与新月时，其潮差会成为一整个月里最大的。

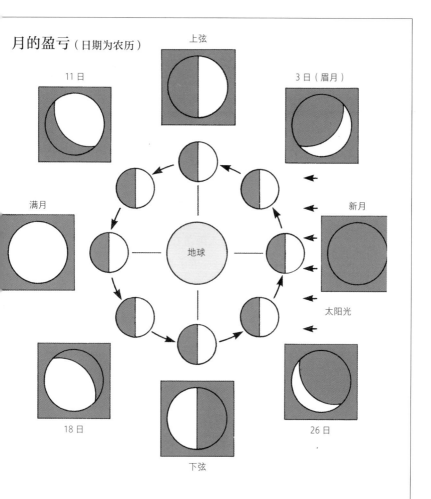

月的盈亏（日期为农历）

上弦

11 日

3 日（眉月）

满月

地球

新月

太阳光

18 日

26 日

下弦

月球大约要花一个月（29.53 日）的时间，才能绕地球一圈。由于地球同时带着它绕着太阳转，所以从地球看见的月球形状会受到太阳光的影响，变化成许多模样。当月球与太阳在同一个方向时，月球的阴影部分会向着地球，所以看起来漆黑一片；当它们在相对的方向时，整个月球都会被照亮，于是形成了满月。

幽灵，还是外星人？

这件事发生在某个夏日里。当时我去爬信州的某座山，好不容易登上峰顶，可惜的是云雾笼罩了一切，根本看不到什么景色。就在我觉得失望时，眼前突然出现了朦胧的人影，而且飘浮在那人影周围的竟是漂亮的七彩光环。那是命丧山中之人的幽灵吗？还是外星人降落在这座山上呢？当我这么一想，双腿便忍不住发抖，好一阵子都动弹不得。

其实，这人影是自己映射在雾里的身影。在山顶被雾环绕、太阳光线正好从水平后方照射过来的晨间或傍晚时，自己的身影会被映照在眼前的雾中，受到光的折射影响，便出现了彩虹色的光圈。第一位登上马特洪峰的爱德华·温柏尔，也是因为看过这个现象而知名。

在德国的布罗肯山（1142米），从前就以魔女聚集的场所而闻名。不过，在知道雾中所见的魔女身影，其实是在气象条件的影响下，所映射出来的自己的影子之后，这个现象就被称为"布罗肯现象"了。

布罗肯现象又被称为"观音圈""佛光"。也就是说，它被认为是带有光环的神佛现身了。朝圣的登山者若遇到这种观音圈会特别欣喜。说不定，有一天你们也会遇上这个布罗肯现象哦。

饮食

先在家里练习厨艺

带来幸福的主厨

在野外用餐这件事，不只是一段愉快又悠闲的时光而已，还有更大的意义。它既是最长的休息时间，也是用来补充之后行动所需的能量。摄取有营养的食物，能使疲劳的身体恢复活力，而品尝了美味的食物后，同样也为心情注入了活力。不论有多么疲惫，美味的食物总是能振奋大家的心情，在野外时，主厨是很值得依靠的人。任何人都有成为主厨的潜力，只不过，要先在家里训练一下才行，平常不下厨的人，在野外是不可能突然间就变得擅长料理的。

征服厨房吧

在野外最派得上用场的东西就是火、水和刀，这三样东西厨房里都有，要是弄错这些东西的使用方式，就会变得非常危险。因此，野外训练的第一步，就是要将火、水和刀都运用自如。首先，开始在厨房练习火候、水量，以及菜刀的用法。只要有心，每天去厨房练习根本不是问题。要准备的工具很简单：菜刀、砧板和锅，而筛子、汤勺、煎铲、调理筷、平底锅等，也都是很方便的工具。

选择菜刀

菜刀依用途可以分成许多种类。各种不同用途的菜刀，的确很方便，但一般家庭里有的大概都是万用刀，所以就请你先练好怎么使用能切肉、鱼、蔬菜等各种食材，而又不易生锈的万用刀吧。

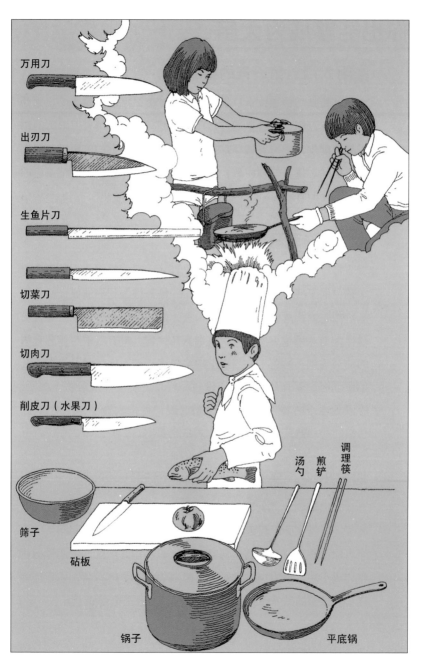

万用刀

出刃刀

生鱼片刀

切菜刀

切肉刀

削皮刀（水果刀）

筛子

砧板

汤勺

煎铲

调理筷

锅子

平底锅

99

你也能够成为大厨

主厨入门，第一天的菜肴

材料是马铃薯1个、小颗的洋葱1个，再从冰箱里拿出1片培根。首先削去马铃薯的皮，左手拿好马铃薯，用菜刀刀刃的中间部位削皮，记得要把芽挖掉，长大的芽是有毒的，所以要仔细将它挖除。接着处理洋葱，把长满须根的部分切掉，再把茶色的外皮剥掉即可。

培根煮洋葱马铃薯

将厚的锅放到煤气炉上，把火打开。冒烟后倒入油，等油遍布整个锅子底部后，将培根放进去，培根接触到热油便会滋滋作响。接着放洋葱进去，染有培根香味的油会包覆住洋葱，即使松散得乱七八糟也无所谓。最后加入马铃薯，带有培根与洋葱香味的油会沾到马铃薯上。当锅里的培根缩起来，洋葱和马铃薯也开始滚动时，就加水加到足以没过马铃薯的程度。最后盖上盖子，等煮到水干时就算完成了。煮的时候记得把火转小，不用调味，培根的盐分被煮出来后，味道应该会刚刚好才对。

切成小块，烹调的时间就会缩短

很简单啊！你大概会这么想吧，煮30～40分钟应该就能煮软了，不过在肚子很饿时，即使是30分钟也会让人觉得很久。有个可以更快做好的方法，那就是先把食材切好。试着把同样的材料切成小块，再用相同的方法去煮，这次只要15分钟左右就能完成了。培根的咸味渗透在整道菜上，味道也变得更好了。

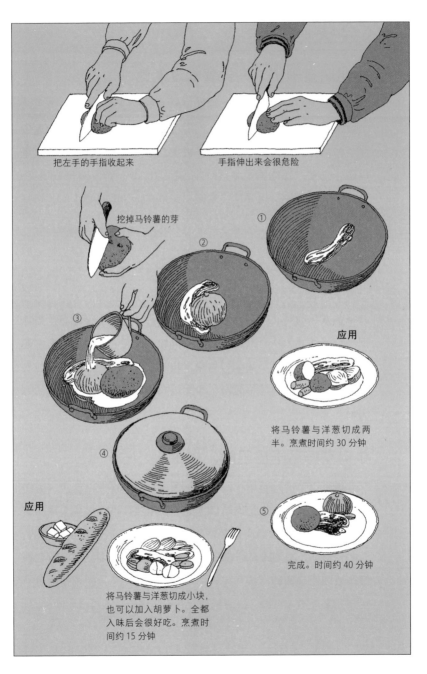

把左手的手指收起来

手指伸出来会很危险

挖掉马铃薯的芽

① ② ③ ④ ⑤

应用

将马铃薯与洋葱切成两半。烹煮时间约 30 分钟

应用

将马铃薯与洋葱切成小块，也可以加入胡萝卜。全都入味后会很好吃。烹煮时间约 15 分钟

完成。时间约 40 分钟

101

怎么会失败呢？

水明明煮干了，马铃薯却没煮熟

这是因为火开得太大，马铃薯的中心还没煮熟，水分就已经蒸发没了，把火候控制在小火到中火之间，就不会有这种问题发生了。另外，马铃薯不要整个下去煮，即使只切成4等分，也可以防止失败，还能缩短将近一半的烹煮时间。切成圆片或切丁，烹煮起来会更快。想要尽快吃饭，或是在野外燃料很少时，切得小一点就是关键。

同一道菜里，蔬菜的切法要一致

不同的蔬菜放在一起煮时，要把它们切成相同的大小，这么一来，煮熟的时间就会几乎相同，外观看起来也会很漂亮。当你把马铃薯切成丁状时，就把胡萝卜也切丁，而洋葱也要配合它们的大小。洋葱兼具了辣味与甜味，是做菜时不可欠缺的蔬菜，切碎的洋葱末在菜里并不起眼，却能用来提味。要把洋葱切末的方法记下来。

牛肉煮好后干巴巴的，根本不好吃

这是用牛肉代替培根的失败例子。牛肉煮得太熟就会丧失美味，这时候，只要先把肉块裹上面粉，用油炒过，再放入锅里去煮就可以了。只用牛肉代替培根，是不会有味道渗透到菜里的，因此要用加入高汤或高汤粉的水，煮的时候也要用盐、胡椒调味。使用猪肉或鸡肉的煮法和牛肉一样，要注意的是，使用猪肉时一定要完全煮熟才可以，因为猪肉会有寄生虫，是不可以生吃的。

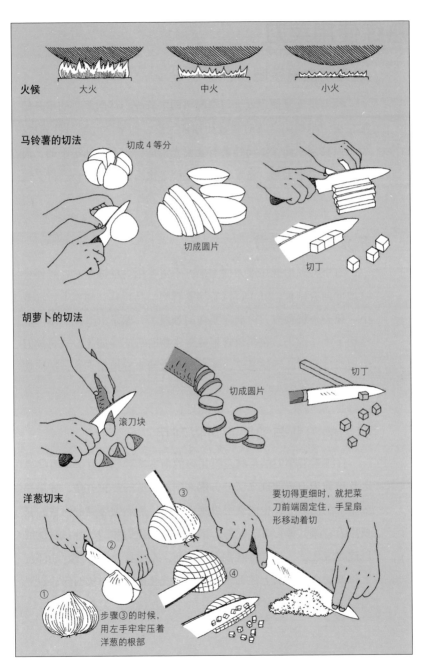

火候　大火　　中火　　小火

马铃薯的切法

切成4等分

切成圆片

切丁

胡萝卜的切法

滚刀块

切成圆片

切丁

洋葱切末

①

②

③

④

步骤③的时候，用左手牢牢压着洋葱的根部

要切得更细时，就把菜刀前端固定住，手呈扇形移动着切

熟练使用菜刀

成为削皮高手吧

菜刀是反复使用就会习惯的东西。首先，从削蔬菜的皮开始吧，去请求妈妈煮菜时尽量让你来削皮，如果学会削马铃薯皮，就可以独当一面了。马铃薯有表面光滑的，也有凹凸不平的，而且芽也必须挖出来。在反复练习了许多次后，你一定会削得又快又漂亮。

拿菜刀不必用力

右手轻轻地握住菜刀的刀柄，不需要用力地握紧它，身体直直地面向着砧板。好了，试着切切看吧。马铃薯、胡萝卜、白萝卜、葱……将菜刀刀刃放在要切的东西上，像是由上往下压一般地切下去。但是，在切鱼糕板或腌制物时可不能如此，这时候刀尖要对准食材，手腕悬空，把刀像是拉回来般地切下去，这样就会切得很好了。

菜刀的刀背与刀腹都可以利用

仔细看看菜刀的形状。万用刀的前端比较细，背部则有些厚度，被称为刀背的这个部分，用来刮除牛蒡的皮很方便，如果是皮很薄的胡萝卜，也同样可以这么削掉，而剥银杏壳的时候，只要用刀背敲开就行了。此外，用左手按压住刀腹的部分，就能够压碎姜或大蒜。只要将右手握住刀柄，左手放在靠近刀背的部位上，调动全身，从上往下压下去，姜就会被压成小块的碎片。要当心别让手滑动，以免受伤。

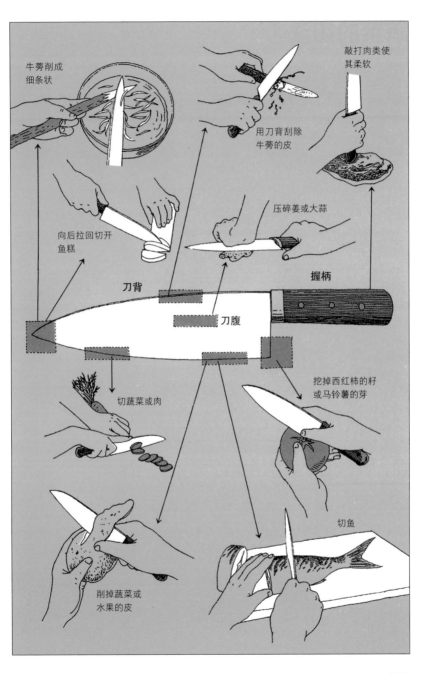

牛蒡削成
细条状

用刀背刮除
牛蒡的皮

敲打肉类使
其柔软

向后拉回切开
鱼糕

压碎姜或大蒜

握柄

刀背

刀腹

切蔬菜或肉

挖掉西红柿的籽
或马铃薯的芽

削掉蔬菜或
水果的皮

切鱼

蔬菜的切法①

牛奶

黄油

去皮煮软后，沥干水分并压碎，做成马铃薯泥

整颗放进锅子里煮

用竹签戳戳看，一下子就能戳进去的，代表煮熟了

加盐或黄油吃

用油炸成薯条

味噌汤或浓汤的配料

整颗包上锡箔纸，放进烤箱里烤

切成棒状当沙拉吃

蘸盐或沙拉酱吃

切成半月形后切一半

1厘米

银杏切

味噌汤等的配料

把削好皮的胡萝卜切成圆片状，水量倒至与食材一般高，加入黄油、盐、胡椒、砂糖一起熬煮

滚刀切块后放进汤锅中熬煮

糖渍胡萝卜

每道菜都有它适合的切法。吃的时候，觉得最好吃的大小，就是标准所在。至于是一道菜的主角？还是配角？这些也都会使切法改变。

切成大块去煮

去皮后压碎，加牛奶稀释

浓汤

切成两半，用汤匙将里面的籽挖掉

切成薄片

切成块状，边角削圆，把皮去掉

加入少许高汤、味淋和酱油一起熬煮

用黄油煎，加盐和胡椒

这样才容易入味，并防止煮散

用银杏切法切片，做味噌汤等的配料

削皮后磨成萝卜泥

削皮后切成厚片，炖煮用

切丝做沙拉

和猪五花肉一起煮很好吃。用味淋（或砂糖）、酱油调味

蔬菜的切法②

纵切成对半或1/4

撒上盐，用大石头压住，做成腌渍物

整个都烤得差不多后，泡在水里剥皮

烤茄子

为了让味道渗入，在上面划上切痕。用油炒过之后再煮

酱油　高汤　味淋

蘸姜泥、酱油吃

在热水中烫一下，用叉子将其放到火上烘烤，就能把皮剥下来

切成月牙形

沙拉

切成圆片

轻轻撒上盐后，挤捏出水分做醋味小菜

撒上盐，在砧板上搓揉

斜切做沙拉

变成鲜绿色后，口感会很清脆

醋、砂糖少许、酱油少许混在一起

有可以生吃的，也有必须用火煮过的蔬菜。例如胡萝卜、白萝卜、西红柿、黄瓜、卷心菜等，都可以做成生菜沙拉吃。

从根部将叶子剥下

用刀从根部切进去，把菜心挖掉

叶子烫一下，使它变软

把绞肉、洋葱末、盐、胡椒混在一起包进去

用牙签固定

叶子重叠，卷起来切

切成适当大小后用来炒菜

切丝后，做配菜吃

放入汤里煮成卷心菜卷

切成适当大小

热水烫一下，过冷水后，把水分挤干

酱油　砂糖　炒过的芝麻

和切过的培根一起炒

把拧干的菜切段放进去搅拌

芝麻凉拌

切鱼

去除鱼鳞

用左手压住鱼头，从尾部开始刮除

竹荚鱼等的棱鳞要去除

切开鱼腹，取出内脏

去鳃

背鳍

胸鳍

鳃

腹鳍

烤鱼

撒上盐烤

煮鱼

水
酱油
味淋

加入姜可以去除腥味

处理青花鱼等较大的鱼时

筒切法

炸鱼块

裹上面粉炸

加入味噌，做成味噌口味

水或高汤

110

鱼的处理似乎很困难，其实不会。只要去除掉鱼鳞和内脏即可。

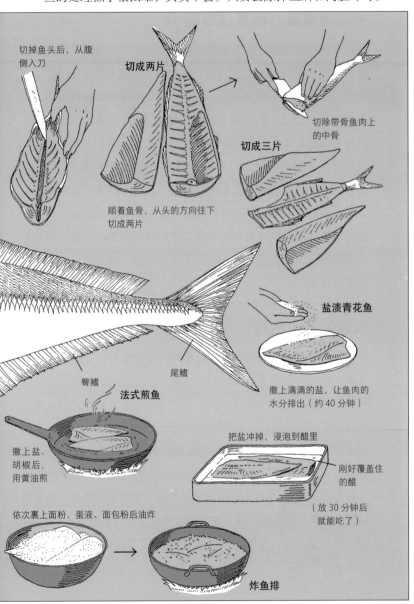

切掉鱼头后，从腹侧入刀

切成两片

切除带骨鱼肉上的中骨

切成三片

顺着鱼骨，从头的方向往下切成两片

盐渍青花鱼

尾鳍

臀鳍

法式煎鱼

撒上满满的盐，让鱼肉的水分排出（约40分钟）

撒上盐、胡椒后，用黄油煎

把盐冲掉，浸泡到醋里

刚好覆盖住的醋

（放30分钟后就能吃了）

依次裹上面粉、蛋液、面包粉后油炸

炸鱼排

煮饭

只要会煮饭，就足以自豪了

不使用电饭锅，试着用厚的锅子煮饭吧，这样会更好吃，而且对去野外露营时也大有帮助。饭放在火上煮的时间是 10 ~ 15 分钟。因为需要的时间很短，所以一开始练习时要守在旁边。以前有人说过"煮饭的时候，起初是微火燃烧，中间是熊熊大火，即使小孩哭着要吃，也不能把盖子打开。"因为煮到一半要是把锅盖打开让水蒸气跑出来，里面的温度会下降，饭就变得很难吃。所以，开火煮之后，千万别打开锅盖，而是要仔细听锅里发出的声音。最初很安静，但是开始沸腾后，水蒸气会不断冒出，然后溢出白色汤汁，锅盖也会动起来。煮的时候虽然会一直传出咔啦咔啦的声音，但一会儿就会安静下来，当你听到咻咻声，那就代表饭煮好了。

煮饭的三个阶段

第一阶段是洗完米后，让米吸收充足的水分；第二阶段是开火煮；第三阶段则是关火之后，让饭焖一下。这三个阶段，每一阶段都很重要。米洗完马上煮，只有米的表面有水分，所以煮出来就只有表面是软的，里面却还是硬的，这就叫"夹生饭"。不小心煮成夹生饭时，可以洒一点酒，然后再盖上盖子，用大火焖 30 秒左右。为了避免这种失败，洗好米后把米倒进筛子里，放置 30 分钟左右，这 30 分钟是让米表面上的水分缓缓渗透到内部的重要时间。如果时间不够，就先把水倒进锅里烧开，再把米放下去煮，因为只要温度高，米就会很快地吸收水分，所以记得水量要加多一点才行。

米与水的分量

米 1 杯 + 水 1.2 杯

可以煮出 1 大碗的米饭

① 洗米

前面的 2 ~ 3 次用手迅速洗过

把泡在大量水里的米搓一搓，再倒掉水

水不再混浊后，就把米倒进筛子里

（约 30 分钟）

② 煮饭（约 15 分钟）

直到沸腾为止，都用小火煮

小火

会发出吵闹的声音

中火

转成大火再煮几秒钟

声音安静下来就转小火，听见咻咻声再转成大火，然后立刻关掉

③ 焖饭（约 15 分钟）

煮汤

用昆布、小鱼干、柴鱼片熬出高汤

日本料理中的汤品代表，就是清汤与味噌汤，只要学会这两种汤的做法，剩下来仅需改变加进去的材料，就可以灵活应用了。煮清汤时所加的并不是水，而是高汤，所谓高汤，是指在水里加入昆布、柴鱼片或小鱼干等制作的汤汁。昆布和小鱼干只要浸泡在水里，味道就会出来，柴鱼片则要放在热水里煮，如果不用热水，柴鱼片里美味的物质，就没办法溶解出来。更重要的是，必须在煮滚的瞬间把火关上，并立刻把它捞出，否则腥臭味或苦味就会跑出来了。像这样顺利熬出的高汤，被称为是"一号高汤"，可以用来煮清汤。被捞出来的柴鱼片里，有八成的美味都已经释放出去，而利用剩下两成美味所熬出来的，就是"二号高汤"，可以用来煮味噌汤或炖煮东西。

汤料煮熟后，再调味

有了高汤之后，就把配料加进去，配料是指裙带菜、马铃薯等可以放进汤品里的食材。豆腐的白色配上裙带菜的绿色，鸿喜菇的茶色配上葱的绿色，像这样从颜色搭配考虑，决定配料就很容易了。高汤中的食材煮软以后，就可以加入调味料。清汤是用盐和酱油去调味的，尽可能少量地加，觉得有些味道就可以了，因为调得太咸，味道是无法变回来的。味噌汤则是将味噌一点一点地加进去溶解，记得把火转小，免得它沸腾，也不要煮得太熟，否则会丧失味噌的美味了。在配料里面，只有豆腐要等味噌溶解后才放入，因为豆腐煮得太久，外层是会变硬的。不论是清汤也好、味噌汤也好，最后再撒上葱花或鸭儿芹等绿色蔬菜，就大功告成了。

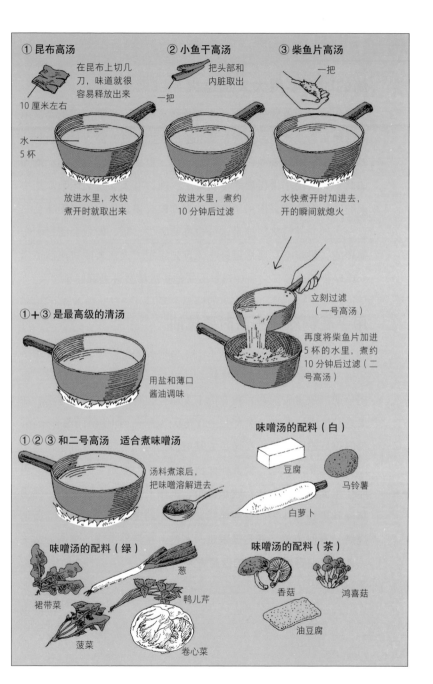

① 昆布高汤

在昆布上切几刀,味道就很容易释放出来

10 厘米左右

水 5 杯

放进水里,水快煮开时就取出来

② 小鱼干高汤

把头部和内脏取出

一把

放进水里,煮约10分钟后过滤

③ 柴鱼片高汤

一把

水快煮开时加进去,开的瞬间就熄火

①+③ 是最高级的清汤

用盐和薄口酱油调味

立刻过滤（一号高汤）

再度将柴鱼片加进5杯的水里,煮约10分钟后过滤（二号高汤）

①②③ 和二号高汤　适合煮味噌汤

汤料煮滚后,把味噌溶解进去

味噌汤的配料（白）

豆腐

马铃薯

白萝卜

味噌汤的配料（绿）

葱

鸭儿芹

裙带菜

菠菜

卷心菜

味噌汤的配料（茶）

香菇

鸿喜菇

油豆腐

115

烤鱼或肉

烤的时候要用大火加远火

把炉子的火转到最大，并且放在离火远一点的网子上烤，不论是烤鱼还是烤肉，都会是最好吃的。如果没有离火远一点烤会怎样呢？首先，表面一下子就会烤焦，里面却还没有烤熟。既然如此，只要用小火慢慢烤不就好了？或许有人会这么想吧。用小火的确不会烧焦，但由于肉块的表面没有被封住，所以美味会一点一点地向外流失，连带水分也都会流失，鱼、肉就会变得干干扁扁的，很难吃。要烤得好吃，首先得用大火在表面快速制造出一层保护的薄膜，之后让热量缓缓地扩散渗透进去就好了。

用平底锅煎烤东西时要抹油

为了防止鱼或肉黏在网子上，事前要先把网子烤热，使用平底锅时，则要先抹油。平底锅烧热之后抹上油，等冒出烟时，再把鱼或肉放进去煎烤，鱼、肉上先撒点盐和胡椒，会更好吃。如果是煎牛排，就直接用大火一口气煎熟就好，即使里面没有全熟，仍旧很好吃。不过，在烤鱼或其他肉类时，可能会有寄生虫，所以要全烤熟才能吃。就像前面所说的一样，能避免肉块表面烧焦而让里面煎熟的方法，就是把鱼、肉拍上面粉之类的东西。因为热油和裹粉会在表面形成薄膜，使肉中的美味不会流失掉。所谓烧烤，看似简单，其实很困难，不过，它是最美味的烹调方法之一，也是在野外最常用的做菜方法。

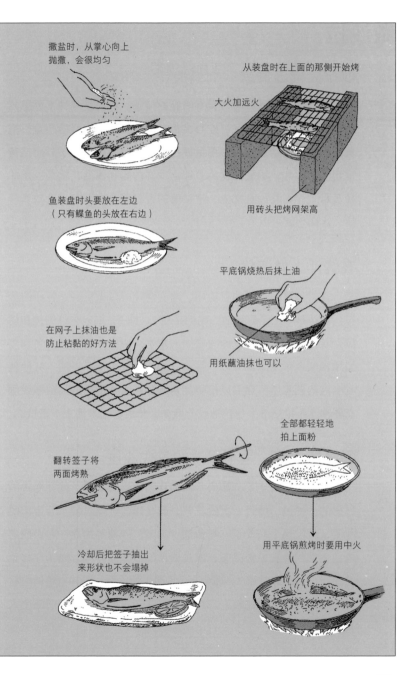

撒盐时，从掌心向上抛撒，会很均匀

从装盘时在上面的那侧开始烤

大火加远火

用砖头把烤网架高

鱼装盘时头要放在左边
（只有鲽鱼的头放在右边）

平底锅烧热后抹上油

在网子上抹油也是防止粘黏的好方法

用纸蘸油抹也可以

翻转签子将两面烤熟

全部都轻轻地拍上面粉

冷却后把签子抽出来形状也不会塌掉

用平底锅煎烤时要用中火

117

做沙拉

沙拉会增进食欲

新鲜的蔬菜入口时，会有清脆的口感。沙拉是一种不可思议的食物，不仅对身体好，连心灵都会因它而产生清爽的感觉。把黄瓜纵切成棒状后，只要蘸上沙拉酱就是蔬菜棒沙拉了。而把黄瓜切成薄圆片，用盐搓揉后，拌上少许的醋和酱油，就是一道凉拌黄瓜了。在某种意义上，把新鲜的食材混合在一起，就叫作沙拉，这样想就可以了。

在酱汁上做变化

食材只要是新鲜的就能用，改变酱汁可以做出各式各样的沙拉。酱汁基本上是醋和油，比例是醋2、油3，混入少许的盐和胡椒，就是法式沙拉酱（因为法国人常吃，所以才会有这个名称）。醋用米醋或苹果醋都可以，喜欢吃酸的人就多加一点醋，其他就看个人的创意了。你可以把奶酪切细拌进去，也可以加辣椒或倒点酱油。不论是淋上色拉油或芝麻油，味道吃起来都很不错哦。

醋味凉拌菜，是不用油的日式沙拉

水分很多的生菜，如果不用油让表面形成薄膜，就会变得皱巴巴的。不过，烫过一次的蔬菜，或是用盐搓揉过使水分排出的蔬菜，就没这个必要了。把酱油、味噌、砂糖等加在一起做成的酱汁，取代油去凉拌蔬菜，就是所谓的醋味凉拌菜。醋味凉拌菜的酱汁，基本上是醋3、砂糖1、酱油1的比例，要拌白色的食材时，选择薄口酱油比较好。这种醋也叫作三杯醋，用量请随个人喜好来增减。

卷心菜

洋葱　西红柿　苹果

黄瓜

胡萝卜

青椒

因为水分较多，
所以分量很多

西式沙拉	醋 柠檬 苹果醋 其他	色拉油 橄榄油 芝麻油 其他	盐、胡椒	辣椒、干酪、 酸奶油、大蒜 等喜欢的东西
＊ 醋 2 + 油 3 + 盐、胡椒少许 + 喜欢的东西				

日式沙拉	醋 柚子 苦橙 其他	（不使用油）	酱油 盐 味噌	砂糖、味淋、 芥末、炒过的 芝麻等喜欢的 东西
＊ 醋味凉拌菜的基本　醋 3 + 砂糖 1 + 酱油 1				

醋拌黄瓜与裙带菜

用盐搓揉过的黄瓜

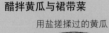

因为水分已经排出，
所以量很少

将裙带菜切过
后烫煮

用三杯醋拌
一拌

烫过、拧去水分的菠菜

小鱼干

芝麻凉拌的基本
芝麻 2：酱油 2：砂糖 1

芝麻凉拌

119

用手记住分量

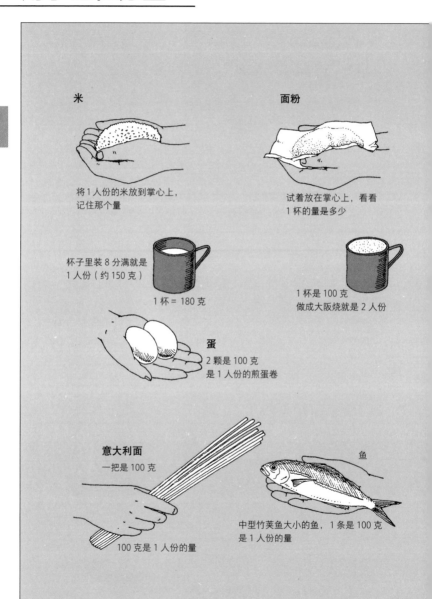

米

将1人份的米放到掌心上，记住那个量

杯子里装8分满就是1人份（约150克）

1杯 = 180克

面粉

试着放在掌心上，看看1杯的量是多少

1杯是100克
做成大阪烧就是2人份

蛋

2颗是100克
是1人份的煎蛋卷

意大利面

一把是100克

100克是1人份的量

鱼

中型竹荚鱼大小的鱼，1条是100克
是1人份的量

能用自己的手代替秤或量匙去记住重量与分量，在野外时会非常有帮助。只要把一人份的量记起来，就不会犯下煮太多的失误了。

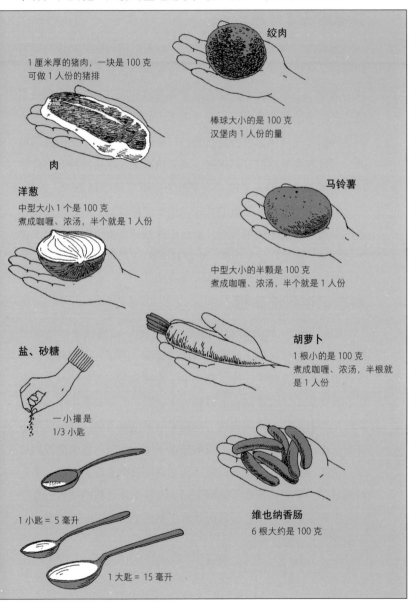

绞肉

棒球大小的是 100 克
汉堡肉 1 人份的量

1 厘米厚的猪肉，一块是 100 克
可做 1 人份的猪排

肉

洋葱

中型大小 1 个是 100 克
煮成咖喱、浓汤，半个就是 1 人份

马铃薯

中型大小的半颗是 100 克
煮成咖喱、浓汤，半个就是 1 人份

盐、砂糖

一小撮是
1/3 小匙

胡萝卜

1 根小的是 100 克
煮成咖喱、浓汤，半根就
是 1 人份

1 小匙 = 5 毫升

维也纳香肠

6 根大约是 100 克

1 大匙 = 15 毫升

用餐后要收拾

要考虑洗涤顺序

饭后的洗碗工作也是有诀窍的。首先把沾到油的和没沾到油的分开，从没沾到油的开始洗，可以不用洗洁精。接下来再洗油腻的部分，由于油碰到热水比冷水要更容易溶解，所以先用热水把沾有油渍的碗盘冲一下。像这样考虑好顺序后，就能防止所有的餐具都被弄得油腻腻的。在野外，原则上我们是不使用洗洁精的，所以在家里也试着不用吧。只靠热水无法把油冲掉时，可以试着用泡过几次的茶来洗，用茶叶渣则更容易刷掉油脂。此外，茶也可以用来消除瓶子里的异味，想要使用空瓶，但之前装在里面的东西的味道却消不掉时，就放少许茶叶（这个要用新的）进去盖起来，放 1 ~ 2 天之后，味道就会消失了。

别忘记也要洗砧板

把砧板的一面用来处理蔬菜水果，另一面则用来处理鱼或肉，像这样做好区隔，味道就不会混杂在一起了。去野外时，用来代替砧板的合板也一样，在其中一面的角落画上鱼的图案，就很容易辨识了。由于砧板上的切痕里很容易沾染或滋生细菌，所以使用后要用棕刷用力刷洗，淋热水消毒也很不错。洗完后用干抹布拭去水分，然后立起来或吊挂在干净的场所，偶尔把浸泡过漂白剂的抹布贴在砧板上，放一会儿再洗就会变得更干净，天气好的日子，要把砧板拿去晒晒太阳。准备干净好用的砧板，以及用起来顺手的菜刀，是做菜的基本。别忘了，抹布也要经常用热水消毒，并且保持清洁。

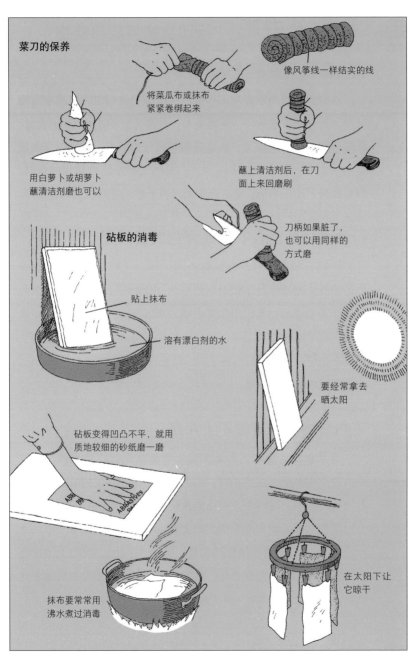

菜刀的保养

将菜瓜布或抹布紧紧卷起来

像风筝线一样结实的线

用白萝卜或胡萝卜蘸清洁剂磨也可以

蘸上清洁剂后，在刀面上来回磨刷

刀柄如果脏了，也可以用同样的方式磨

砧板的消毒

贴上抹布

溶有漂白剂的水

要经常拿去晒太阳

砧板变得凹凸不平，就用质地较细的砂纸磨一磨

抹布要常常用沸水煮过消毒

在太阳下让它晾干

123

走，到野外去吧 行动食物与应急食物

食材要装到容易辨认的塑料袋里

在野外做饭与在家里不一样，你需要把食材带去。为了方便处理，最好是带重量轻、体积不大、不需花太多时间料理的食材。蔬菜只要洗好需要的量，再装进塑料袋里带去即可，如果先切成适当的大小，能省下更多时间了。打翻之后不能再使用的食材，像是面粉、油之类的，要放进袋子或瓶子里，并且用塑料袋装好。

行动食物要放在衣服或背包的口袋里

与到目的地才开始做的餐点不一样，干粮或零嘴等行动食物，是在走路途中肚子饿时吃的东西。觉得肚子饿了或是很累的时候，不要忍耐，拿出干粮来吃吧，准备巧克力、小饼干或糖果等自己喜欢吃的零嘴是最好的，人们吃到喜欢的东西后，就会变得很有精神。为了能够方便拿取，请把行动食物放到衣服的口袋，或是背包口袋的上方吧。

应急食物，最好派不上用场

应急食物正如其名，是在发生紧急状况时吃的东西。比方说，碰上大雨而无法行动时；因为迷路超出了预定的日程，而把食物都吃完时；过河时，带去的食物全都被冲走时。只要没有发生这类的状况，请不要动用应急食物。在应急食物的袋子里，要放入重量轻、保存期限长的食物，像是牛肉干、冷冻干燥食品（参阅第 152 页）、巧克力等。在大自然里，谁也不知道会发生什么事，所以无论去哪里，都要记得准备一袋应急食物。

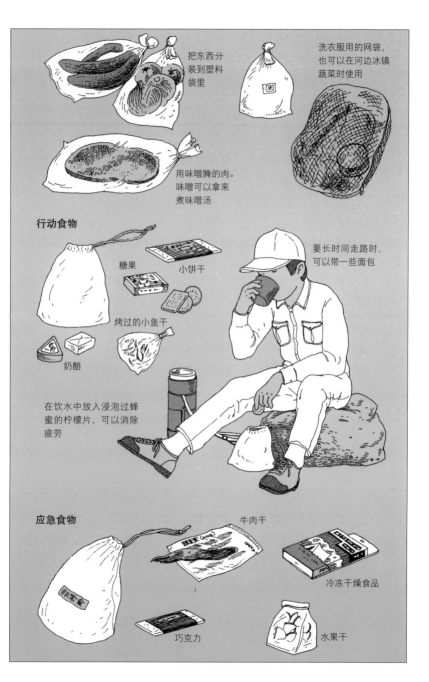

把东西分装到塑料袋里

洗衣服用的网袋，也可以在河边冰镇蔬菜时使用

用味噌腌的肉。味噌可以拿来煮味噌汤

行动食物

糖果

小饼干

烤过的小鱼干

奶酪

要长时间走路时，可以带一些面包

在饮水中放入浸泡过蜂蜜的柠檬片，可以消除疲劳

应急食物

牛肉干

冷冻干燥食品

巧克力

水果干

125

把烹调器具带去

利用家里现有的东西

厨房里使用的烹调器具，已经在本书99页说明过了。不过，到野外去行李要尽量减轻，因此相关的用具也要减少到只剩下锅、砧板和菜刀，有这些东西就能做饭了。由于砧板很重，可以用合板代替，如果有煮饭用的饭盒，那会更有效率，带根汤勺也很方便。剩下来只要有火和水，就可以打造出很棒的厨房了。

花点心思使行李变小

如果是能生火的场所，可以直接在地上做个炉灶（参阅132页）；如果不能，就必须带个炉子去。即使可以在当地取得用水，也要考虑到搬运的问题，准备一个塑料贮水桶，或是用能够折叠的布水桶。火和水都准备好了，炊具也有了，剩下就是吃饭用的碗盘、装汤的杯子、筷子和汤匙了。人很多的时候，不得已可能会用纸盘、纸杯和免洗筷，但这些用完就丢的东西，都会成为垃圾。所以，最好每个人都准备一套自己用的餐具。

野外专用的组合炊具

把锅、盘子兼盖子、杯子等全都完美收纳在一起的组合炊具，因为是薄的铝制品，所以质地很轻，方便携带。有的还附有茶壶，如果没有，把锅分成煮水用和烹调用的就可以。组合炊具的优点是不占空间，但并不一定要买一套来用，有家用的锅具就很足够了。由于家用的锅比组合炊具要厚，所以煮出来的饭菜更好吃。

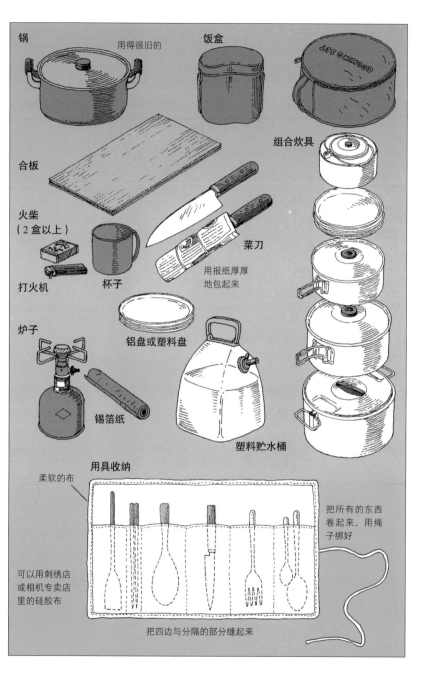

锅　　用得很旧的　　饭盒　　COOKING SET

组合炊具

合板

火柴
（2盒以上）

杯子　　菜刀

用报纸厚厚
地包起来

打火机

炉子

铝盘或塑料盘

锡箔纸

塑料贮水桶

用具收纳

柔软的布

把所有的东西
卷起来，用绳
子绑好

可以用刺绣店
或相机专卖店
里的硅胶布

把四边与分隔的部分缝起来

127

携带调味料

有与没有可是差别很大

"啊，这时候要是有盐的话""如果有一点酱油的话"，这是在野外忘记带调味料时所喊出的声音。有没有调味料可是差别大，只要一点点，就能决定一道菜是好吃还是难吃了。举例来说，直接把鱼拿去烤和撒了盐再烤，会有什么不同呢？直接拿去烤，鱼肉容易散开，鱼特有的腥味也会残留下来。但是撒上一点盐，鱼里面的水分会被盐释出表面，使鱼肉变得紧绷，溶在水中的腥味也同时被消除，而在烤的时候，表面的蛋白质受热后会迅速凝固，像保护膜一样，使美味不会向外流失。不过是一点点的盐，就可以发挥出这么大功效。

增添风味或香气的辛香料

不只是盐而已，有刺激性香味的胡椒可以诱发食欲、促进胃肠蠕动，也是很重要的调味料。需要更复杂的味道时，带咖喱粉就行了。咖喱粉是以胡椒为主，混合了几十种辛香料而制成的，在西式的炒或炖煮料理中，只要使用一点点，味道就会变得特别浓郁。但是注意要少量，如果加得太多，就会全部都煮成咖喱了。

引出食材味道的高汤料

还有一个不可以忘记的东西，那就是能引出食材味道的高汤料。小鱼干、昆布和柴鱼片，这些在家里熬出高汤后会被捞除的东西，在野外时就一起吃掉吧，很有营养，而且在大自然里，这种不拘小节的行为也是被允许的。使用高汤粉也可以，在做西式料理或汤品时，使用汤块是很方便的。

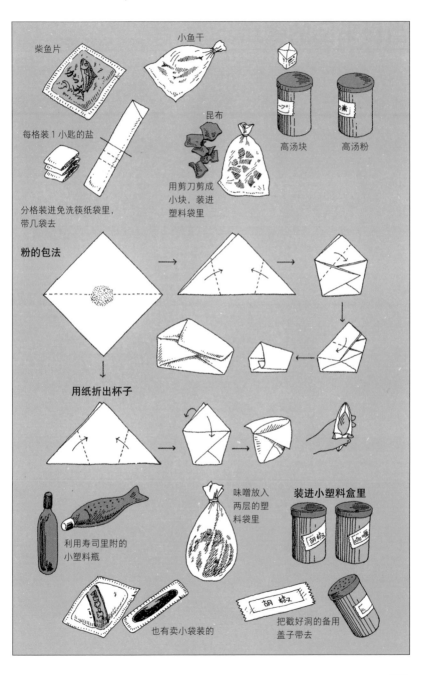

柴鱼片

小鱼干

每格装1小匙的盐

分格装进免洗筷纸袋里，
带几袋去

昆布

用剪刀剪成
小块，装进
塑料袋里

高汤块

高汤粉

粉的包法

用纸折出杯子

利用寿司里附的
小塑料瓶

味噌放入
两层的塑料
袋里

装进小塑料盒里

胡椒

lotto 椒

也有卖小袋装的

胡椒

把戳好洞的备用
盖子带去

129

当日来回的餐点

饭团和味噌汤

海苔 盐味鲑鱼　昆布丝 明太子　紫苏叶 梅干　青海苔 佃煮昆布　混合饭团

把混合饭团裹面粉、蛋液、面包粉后再炸

既有分量又好吃

切过的裙带菜

切成小块的马铃薯

马铃薯煮好后，把味噌加进去

味噌的分量
1人份＝1大匙

先倒水进去让它煮开

混了切碎的葱的味噌

和乒乓球差不多大小

小鱼干

鸿喜菇

水果当成点心

简单又好吃的味噌汤的配料

昆布丝

切薄的油豆腐

卷心菜丝

在当日来回的行程里，午餐是最快乐的时刻了，这种时候吃泡面，可就太没意思了。以饭团或三明治为主食，再煮一锅热腾腾的浓汤吧。

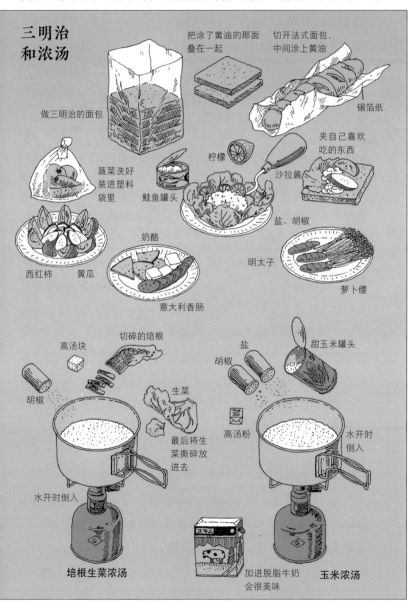

三明治和浓汤

做三明治的面包

把涂了黄油的那面叠在一起

切开法式面包，中间涂上黄油

锡箔纸

蔬菜洗好装进塑料袋里

柠檬

鲑鱼罐头

沙拉酱

夹自己喜欢吃的东西

盐、胡椒

西红柿　黄瓜

奶酪

意大利香肠

明太子

萝卜缨

高汤块

切碎的培根

胡椒

生菜

最后将生菜撕碎放进去

盐

胡椒

甜玉米罐头

高汤粉

水开时倒入

水开时倒入

培根生菜浓汤

加进脱脂牛奶会很美味

玉米浓汤

131

制作炉灶

确认是不是可以生火的场所

在野外并不是随处都可以生火。稍微不小心，就有可能酿成山林大火，所以能够生火的场所大多是被选定的，如露营地里所指定的地方，所以记得事先向当地的管理单位询问。如果要去的地方禁止生火，那就带炉子去吧。

野外的厨房，是一个直径 3 米的圆圈

为了烹调食物，我们来做个炉灶吧！首先要决定设在哪里。在做饭时，水是不可欠缺的，所以设在水源处附近比较好，不过要是靠得太近，就会污染到河川。处理食材剩下的废水，应该要倒在地上让它被地面吸收，在土里被过滤成干净的水后，再流回河里。要是离河流太近，过滤的时间会很短，脏水就会维持在原来的状态下流入河中了。当然，更不能直接倒入河里。要把厨房设在离河流有些距离的地方，而且从火源中心开始，向外 1.5 米的圆形范围内，不可以放置易燃物品。木材燃烧起来的火势，和家里的煤气炉是完全不同的，伴随着噼里啪啦的爆裂声，也会有火星四散的情形，尤其在干燥的天气里，火苗很容易转移到草地上，所以要特别小心。

第一次生火时，不要着急

第一次生火时，大概会被它的难到吧，不是有风，就是木头很湿，根本没办法和原先所想的那样生起来。生火是有诀窍的，而熟不熟练也是关键。首先，多收集一些干的树枝，然后用火柴或打火机点燃报纸或树皮，接着放入细树枝。不要着急，确定火已经移烧到上面后，再把粗的树枝放进去。在很难找到木柴的地方，右图的报纸球就派上用场了。

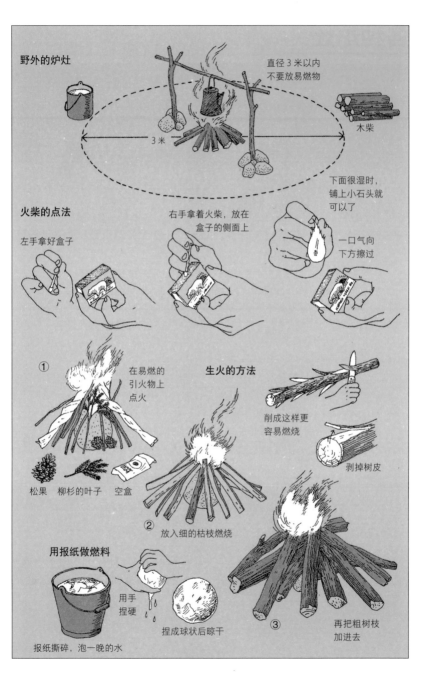

野外的炉灶

直径 3 米以内不要放易燃物

木柴

3 米

下面很湿时，铺上小石头就可以了

火柴的点法

左手拿好盒子

右手拿着火柴，放在盒子的侧面上

一口气向下方擦过

① 在易燃的引火物上点火

生火的方法

削成这样更容易燃烧

剥掉树皮

松果　柳杉的叶子　空盒

② 放入细的枯枝燃烧

用报纸做燃料

用手捏硬

捏成球状后晾干

报纸撕碎，泡一晚的水

③ 再把粗树枝加进去

133

各种炉灶

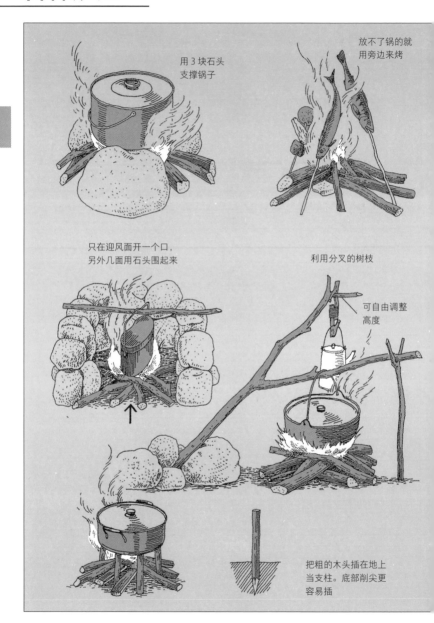

用 3 块石头
支撑锅子

放不了锅的就
用旁边来烤

只在迎风面开一个口,
另外几面用石头围起来

利用分叉的树枝

可自由调整
高度

把粗的木头插在地上
当支柱。底部削尖更
容易插

最简单的方法，是利用3点来支撑锅子，不过这么做就很难调节火力的强弱。让锅子保持可以移动，要调整火力就轻松多了。

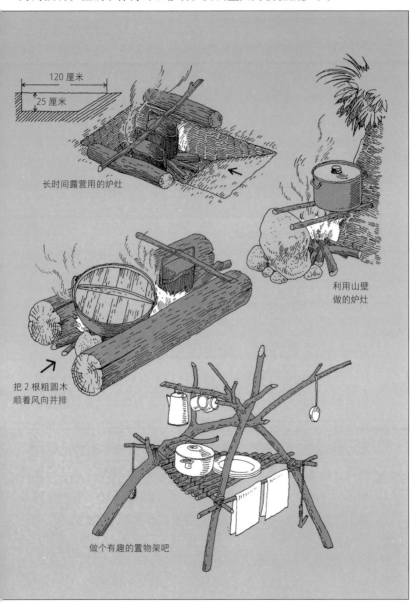

120 厘米

25 厘米

长时间露营用的炉灶

利用山壁
做的炉灶

把 2 根粗圆木
顺着风向并排

做个有趣的置物架吧

熟练使用炉子

从煤气炉开始用起吧

可携带的炉子根据燃料的不同，分成了煤气炉、煤油炉、汽油炉等几种。下面列举出了每种炉子各自的特色。

煤气炉 这里的煤气是指丁烷气。由于煤气炉既轻又容易点燃，所以就先试着从它开始用起吧。炉头部分和煤气罐（可换式煤气罐）是分开的，煤气用完就换上新的煤气罐，旧的空罐要带回家。

煤油炉 火力强，安全性也高，但燃点很高，点燃要花一些时间。在没风的地方使用很容易污染空气，所以要注意空气流通。参加的人数多时会很方便。

汽油炉 和一般汽车使用的汽油不同，用的是白汽油。火力非常强，反过来说也具有危险性。学校的露营是禁止使用的，比较适合习惯野外活动的成人使用。

炉子虽然很方便，却也很危险

不论使用哪一种炉子，都要注意绝对不能在周遭放置易燃物。当煤气用完时，要在没有火源的地方更换煤气罐，因为一旦煤气外泄，会引起大爆炸等意外事故。在用火这方面上，并没有小心过头这回事。此外，雨天时，不要把炉子拿到帐篷里去使用，可以在帐篷外出入口的地方，搭一个遮雨棚，然后很小心地使用炉子，并派专人负责看管炉火，绝对不能掉以轻心。在下雨的恶劣天气条件之下，要选择能够迅速烹调的东西，尽量缩短使用炉子的时间吧。

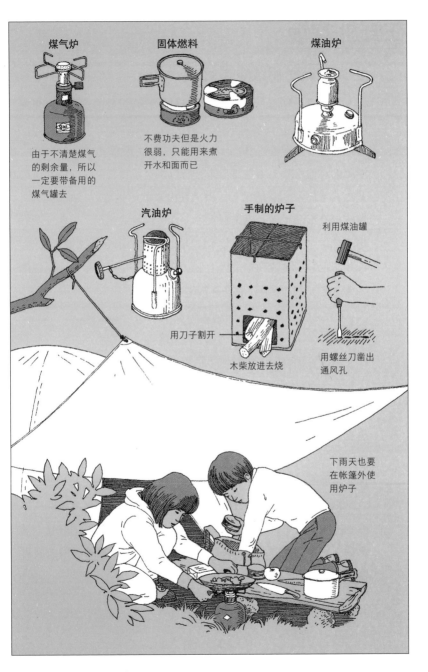

煤气炉

由于不清楚煤气的剩余量，所以一定要带备用的煤气罐去

固体燃料

不费功夫但是火力很弱，只能用来煮开水和面而已

煤油炉

汽油炉

手制的炉子

利用煤油罐

用刀子割开

木柴放进去烧

用螺丝刀凿出通风孔

下雨天也要在帐篷外使用炉子

在野外炊饭

生火煮饭时用饭盒最好

饭要煮得好吃，用饭盒是最好的。打开饭盒的盖子后，里面还有一层中盖，把中盖倒入满满的米，大约是2杯（360毫升）的量，可以当作量杯用。因为有这层中盖，饭盒里的压力提高了，沸腾的时候水就不太会溢出来，所以饭会煮得很好吃。一次可以煮2～4杯米，要是比2杯少，煮出来就不太好吃。吃剩的饭，直接放在饭盒里面，隔天加水进去就可以煮成粥了。饭盒很适合用炉灶的大火煮，却不适合用炉子，因为炉子只会从底部加热，没办法把热度传达到整个饭盒上。此外，先在饭盒里铺上锡箔纸再放米进去煮，饭就不会黏在饭盒上。

用锅煮饭

用锅煮饭时，要注意盖子是否牢牢盖紧，要是没盖好，里面的水分很容易蒸发，会煮得半生不熟了。如果盖子会松动，可以在上面压一块石头，沸腾时水会溢出来，记得要多加一点水。负责煮饭的人，绝不能离开锅旁，必须仔细听锅里发出的声音，以便随时调节火力的大小。煮饭，是连大人也要认真做的一件事，饭能不能煮得好吃，和煮饭的人用不用心，是有很大的关系，把112页的煮饭方法再读一遍，牢牢地记在脑中。用锅煮饭时，不论是用炉子还是自己生火，煮法都是一样的，生火煮的时候，烟灰会把锅子弄得黑漆漆的，所以带家里不怕弄脏的旧锅去就可以了。

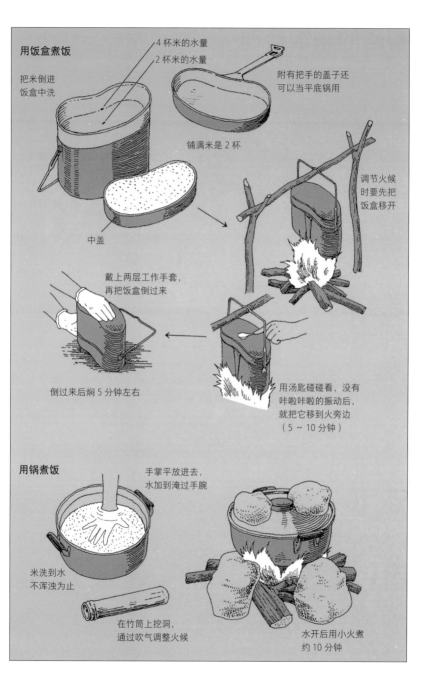

用饭盒煮饭

把米倒进饭盒中洗

4杯米的水量

2杯米的水量

铺满米是2杯

附有把手的盖子还可以当平底锅用

中盖

调节火候时要先把饭盒移开

戴上两层工作手套，再把饭盒倒过来

倒过来后焖5分钟左右

用汤匙碰碰看，没有咔啦咔啦的振动后，就把它移到火旁边（5～10分钟）

用锅煮饭

手掌平放进去，水加到淹过手腕

米洗到水不浑浊为止

在竹筒上挖洞，通过吹气调整火候

水开后用小火煮约10分钟

139

有趣的米饭料理

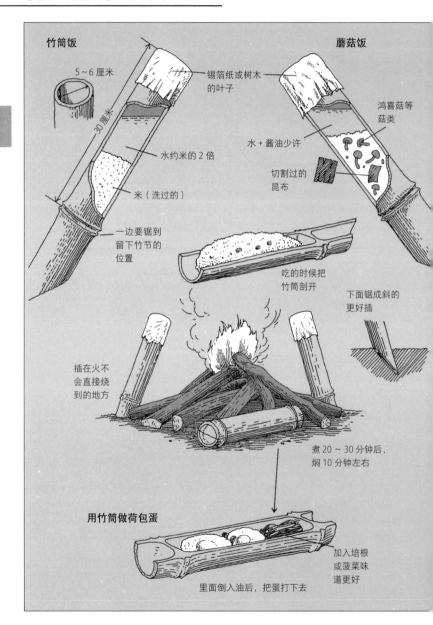

竹筒饭

5~6 厘米

30 厘米

锡箔纸或树木的叶子

水约米的 2 倍

米（洗过的）

一边要锯到留下竹节的位置

蘑菇饭

鸿喜菇等菇类

水 + 酱油少许

切割过的昆布

吃的时候把竹筒剖开

下面锯成斜的更好插

插在火不会直接烧到的地方

煮 20 ~ 30 分钟后，焖 10 分钟左右

用竹筒做荷包蛋

加入培根或菠菜味道更好

里面倒入油后，把蛋打下去

即使没有锅也能煮饭，一定要试着煮一次香味四溢的竹筒饭。此外，酸酸的醋拌饭很能够引发食欲，是值得推荐的野外料理。

青菜饭

米 3 杯（4 人份）

把配料拌进蒸好的饭里

小鱼干

在煮好的白饭里加入
醋　5 大匙
砂糖　2 大匙
盐　2 小匙
混在一起盖上盖子焖一下（约 10 分）

切碎的芥菜

鸭儿芹之类的青菜

西式醋饭

挤多一点的柠檬汁

腌黄瓜

盐、胡椒

鲑鱼罐头　蟹肉罐头（没有也可以）

鲑鱼罐头里的油也一起倒进去

剩饭做的五平饼

粗树枝

把剩饭捣碎

捣碎的饭捏到小树枝上

涂上酱油

味噌 + 砂糖 + 花生捣碎制成的蘸酱

烤面包或薄饼

利用松饼粉或煎饼粉制作。既简单又好吃

面粉
（低筋面粉）

（面包要用高筋面粉，高筋面粉可以揉出筋膜）

面包

用手把面团揉到稍硬的程度

卷到木棍上，放在火堆旁烤

在锡箔纸上涂好薄薄的油后卷起来

加入少许砂糖

用汤匙舀起来有黏糊糊的感觉

蒸的面包

将少许发酵粉和面粉搅拌在一起

用大火蒸约20分钟

锡箔纸做出盒子，里面涂上油。因为会膨胀，所以不要倒进去太多

石头

水

这些做法，基本上都是要用水去溶解面粉。诀窍是在水里加入粉，而不是把水倒入粉里，如此一来，粉才不会变成颗粒状，而会呈现平滑状态。

水

溶解到柔软滑顺的状态

可丽饼

盐少许

让面浆薄薄地流平，表面出现一个一个的小洞就翻面

火调小一点

奶酪、蔬菜把喜欢的食材包进去

黏糊糊的感觉

好吃的什锦烧

家里带来的和山上采集到的食材，统统切碎，放到面糊上

卷心菜丝

樱花虾

香菇

蜂斗菜

独活（土当归）

薤白

酱汁

酱油

143

在野外烤鱼或肉

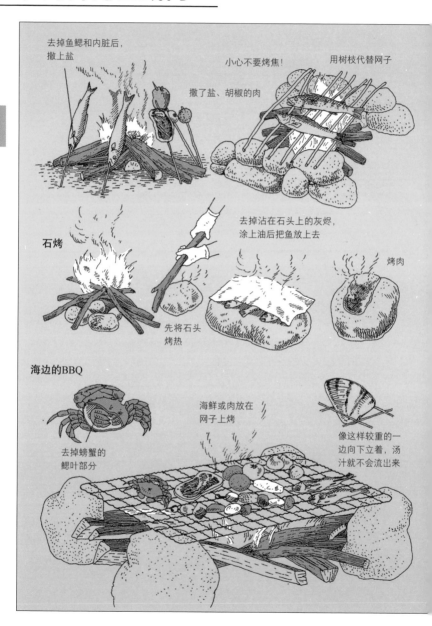

去掉鱼鳃和内脏后，撒上盐

小心不要烤焦！

撒了盐、胡椒的肉

用树枝代替网子

石烤

去掉沾在石头上的灰烬，涂上油后把鱼放上去

烤肉

先将石头烤热

海边的BBQ

去掉螃蟹的鳃叶部分

海鲜或肉放在网子上烤

像这样较重的一边向下立着，汤汁就不会流出来

在野外，可以直接用强大的火力烧烤东西，那和在家里用煤气炉烤出来的味道完全不同。就请豪迈地把鱼或肉给烤来吃吧。

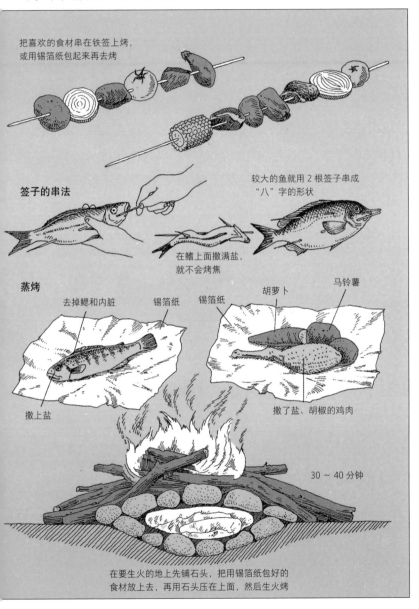

把喜欢的食材串在铁签上烤，或用锡箔纸包起来再去烤

签子的串法

较大的鱼就用 2 根签子串成"八"字的形状

在鳍上面撒满盐，就不会烤焦

蒸烤

去掉鳃和内脏　　　锡箔纸

撒上盐

锡箔纸　　　胡萝卜　　　马铃薯

撒了盐、胡椒的鸡肉

30～40 分钟

在要生火的地上先铺石头，把用锡箔纸包好的食材放上去，再用石头压在上面，然后生火烤

用锡箔纸来料理

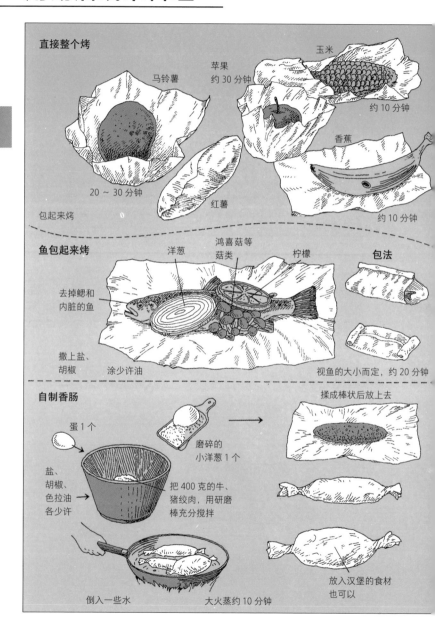

直接整个烤

玉米

苹果
约30分钟

马铃薯

约10分钟

香蕉

20～30分钟

红薯

包起来烤

约10分钟

鱼包起来烤

洋葱

鸿喜菇等
菇类

柠檬

包法

去掉鳃和
内脏的鱼

撒上盐、
胡椒

涂少许油

视鱼的大小而定，约20分钟

自制香肠

揉成棒状后放上去

蛋1个

磨碎的
小洋葱1个

盐、
胡椒、
色拉油
各少许

把400克的牛、
猪绞肉，用研磨
棒充分搅拌

倒入一些水

大火蒸约10分钟

放入汉堡的食材
也可以

在野外，锡箔纸是非常有用的东西。有了它，不用锅就可以煮食物，吃的时候还可以代替盘子，也不必担心被烤黑。带一些到野外去用吧。

烤味噌腌猪肉

约 15 分钟

油渍沙丁鱼等的罐头

用酒或味淋稀释味噌，然后涂上去

洋葱　小青椒

用罐头做的料理

比原本的罐头食物更好吃

叠烤咸味罐头牛肉

2 张锡箔纸重叠在一起

洋葱

马铃薯

咸味牛肉罐头

放上黄油

依序重叠放入洋葱、罐头牛肉、马铃薯

烤 30 分钟左右

用过的锡箔纸一定要带回去

147

用锅炖煮

海盗锅

白萝卜

盐味鲑鱼

胡萝卜

肉或鱼加什么进去都可以

香菇

葱

加入小鱼干、柴鱼片和高汤粉。蔬菜煮熟后，就用味噌调味

放入年糕或乌冬面，可增加分量

杂炊

冷饭用水冲一下，再放入一大锅水

选择喜欢的蔬菜

炖汤

把肉（牛、猪、鸡）和蔬菜煮到软烂为止。泡沫状的浮渣要捞出来

可以用快餐汤包调味

倒入高汤粉，最后淋入酱油或把味噌溶解进去

寒冷时可以温暖身体，炎热时能让身体感到清爽，就是神奇的锅类料理。装了满满一锅的配料，营养也是满满的。诀窍是在食材软烂之后再调味。

咖喱

金枪鱼、水煮鲑鱼、水煮青花鱼等罐头

使用牛肉、鸡肉时要先加盐、胡椒炒过

洋葱要炒一下之后再加入

胡萝卜、马铃薯等都煮熟后，最后放入咖喱块

用烤热的石头做锅料理

戴上工作手套再夹

把烤热的石头放进去

葱

贝类等

把鱼鳞、鳃、内脏去除

插在棒子上，稍微烤一下，再放进锅子里

（生的容易沾黏到石头上）

在水里加入味噌

制作可保存的食物

干饭与爆米香

把剩下来的饭用水冲过一次后，放在筛子上让太阳晒干。依天气可能会有所差异，多在 3 ～ 5 日

变得干干硬硬之后，收进罐子里

淋上热水就会变成稀饭

加入蜂蜜 2 大匙、砂糖 3 大匙、水 1 大匙、酱油 1 小匙，用糖煮法把米饭裹起来

取 1 杯干饭，一把一把地加进去，快速炸一下就捞起来，然后继续放下一批进去

炒锅或较深的平底锅

放在扁平盒子或便当盒里，上面压上石头让它变结实

炸过东西的锅子洗干净再使用

佃煮

放在网子上，两面都烤到淡茶色

倒入茶水，约淹过鱼的高度

加入砂糖、酱油和梅干煮

一直煮到汤汁收干为止

小火

做一些可以长期保存的食物吧。鱼干的盐撒得越多、佃煮的味道越浓、熏制的时间越长，就能够保存得越久。干饭能存放 4 ~ 5 年。

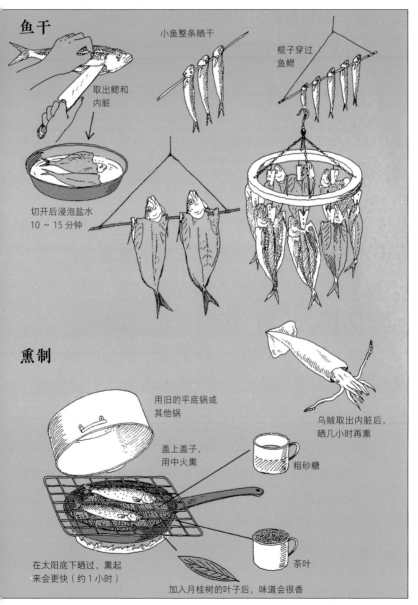

鱼干

取出鳃和内脏

切开后浸泡盐水
10 ~ 15 分钟

小鱼整条晒干

棍子穿过鱼鳃

熏制

用旧的平底锅或其他锅

盖上盖子，用中火熏

乌贼取出内脏后，晒几小时再熏

粗砂糖

茶叶

在太阳底下晒过，熏起来更快（约 1 小时）

加入月桂树的叶子后，味道会很香

速食的运用

在长期的露营中使用

　　如果在野外的生活只有 2 ~ 3 天，那么尽量把食材都带去，自己烹调吧。不过，只要超过 4 天以上，食材的保存期限就会让人感到担心了。另外，假使都在同一个地方过夜，行李重量只要忍受到目的地就可以了，遇到必须移动行走时，除了食材的保存期限之外，还得考虑重量的问题。在这个时候，就多加利用方便速食吧。它不但可以长期保存，而且重量很轻，尤其是味噌汤或浓汤类的冲泡食品，只要倒入热水即可食用，非常方便。此外，快餐浓汤还可以作为炖汤等的调味用品。

只需整包加热就可食用的调理包食品

　　罐头和调理包里装的食品，都是先烹煮过，再用高压加热杀菌方式处理的食物。但是因为罐头很重，所以去野外时要尽量少带，至于调理包食品，其特点是只要整包加热就可以吃，也不像罐头那么重，所以很适合带去野外。调理包食品的种类非常多，只要把锅里的水煮开，饭、菜就能一起热好，真的很方便。不过由于分量较少，对食量大的人来说，可能会觉得无法满足。

既轻又方便的冷冻干燥食品

　　比调理包食品更轻，体积又不大的是冷冻干燥食品。它是把食材或烹调过的食品，在 –20 ~ –30 摄氏度急速冷冻，以真空状态脱去水分使其干燥而成。只要将它泡水或淋上热水后，10 分钟左右就能恢复原状了，很适合长期野外生活的需要，用来当作应急食品也很好。将冷冻干燥的蔬菜与其他食物搭配在一起，可以补充容易缺乏的维生素等营养成分。

调理包食品

冷冻干燥食品

冷冻干燥式
的粉末酱油

搭配烤鱼

搭配烤过的年糕

萝卜泥

泡水后恢复原状

菠菜

加到汤里

加到什锦烧里

组合在一起使用

方便面

冷冻干燥式
的拉面料

野外的餐后整理

在野外不要使用洗洁精

吃完饭后，等着我们的是餐后的清理工作。即使在有充足河水可以使用的地方，也不要用洗洁精去清洗东西，因为在下游可能有人会舀这些水去做饭，而且那么做也会成为河流污染的原因。先拿纸擦掉油污，再用拭油布就可以擦得很干净，记得要配合实际大小来使用。用河边的沙子来清洗也是很不错的方法。如果手被油弄得黏黏的，就用茶叶清洗，会变得很清爽干净。

无法在土里分解的东西要带回去

没人会想浪费好不容易做好的野外餐点，因此，必须先计算好人数再来做饭。如果煮得不够吃，就用干粮或零嘴补充。吃不完的饭，把它捏成饭团，之后可以拿来做烤饭团或炒饭用。如果有残余的垃圾、生鲜的菜叶等就把它埋到土里，可燃物就用火烧掉，而不论埋多久都不会分解的塑料袋、空罐、塑料制品等，请你一定要带回去。

火种要完全熄灭，大家一起检查吧

做完饭后，一定要熄灭炉灶里的火。先浇几次水后，放置一阵子，然后用手轻轻碰碰看，仔细检查还有没有残留的火种。在处理熄火这件工作上，大家要一起确认，因为在发生山林大火的原因里，出现最多的就是火种没有彻底熄灭所导致。

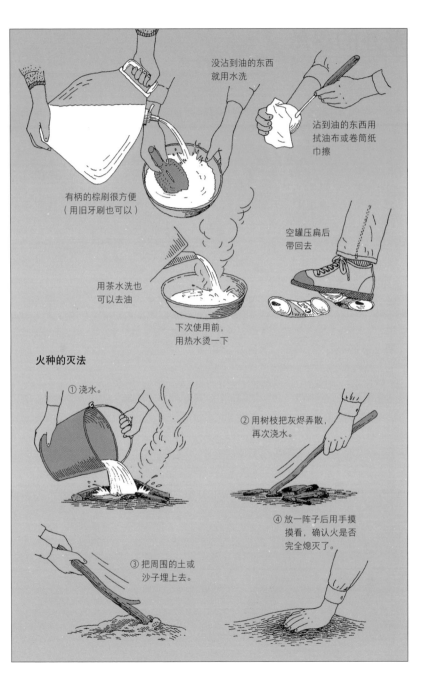

没沾到油的东西就用水洗

沾到油的东西用拭油布或卷筒纸巾擦

有柄的棕刷很方便（用旧牙刷也可以）

空罐压扁后带回去

用茶水洗也可以去油

下次使用前，用热水烫一下

火种的灭法

① 浇水。

② 用树枝把灰烬弄散，再次浇水。

③ 把周围的土或沙子埋上去。

④ 放一阵子后用手摸摸看，确认火是否完全熄灭了。

155

野外的菜单

早餐 在野外活动，大多会起得很早。早餐要选择好做又易消化的东西。由于到午餐之前的时间很长，所以分量也必须足够。

A 面包 + 浓汤或清汤

B 冷荞麦面 + 蔬菜

C 拉面（方便面）+ 蔬菜（冷冻干燥式）

D 杂炊（148页）+ 小菜

午餐 在露营地吃午餐的时间很充裕，所以请参阅前面谈论烹调的那几页，大家一起做顿饭吧。如果是在行动中，则以行动食物（124页）为重点，并注意热量的摄取量。

E 饭团 + 味噌汤（130页）

F 三明治 + 浓汤（131页）

G 面包 + 奶酪 + 点心 或干粮、零食

H 牛肉盖饭（冷冻干燥式） 或咖喱饭（冷冻干燥式）

晚餐 是在野外最快乐的时间。为了消除疲劳、补充能量，就做一些好吃又营养的东西吧。

I 海盗锅（148页） 或味噌火锅 + 米饭

J 锡箔纸烧烤（146页）+ 面包（142页）

K 炖汤（148页）+ 米饭

L 西式醋饭（141页）+ 浓汤

M 咖喱（149页）+ 米饭

N 味噌火锅（调理包）+ 米饭

也可以考虑将前一天的剩饭等作为早餐

除了考虑营养，也要设计出能让吃饭时间变快乐的菜色吧。再准备一些布丁、可可、果冻等甜点，那就更好了。

当日来回

午	E 或 F

2 天 1 夜

	1	2
早		B
午	E 或 F	G
晚	M	

3 天 2 夜

	1	2	3
早		B	C
午	E 或 F	G	G
晚	I	L	

4 天 3 夜

	1	2	3	4
早		B	A	A
午	E 或 F	G	H	G
晚	J	K	L	

5 天 4 夜

	1	2	3	4	5
早		C	A	A	C
午	E	F	G	G	G
晚	I	J	L	M	

6 天 5 夜

	1	2	3	4	5	6
早		B	D	A	C	A
午	E	F	G	G	G	G
晚	I	J	N	H	M	

咖喱的味道会残留在器具里，而且很难洗，尽量最后一天再煮

在拉面或杂炊里放年糕也不错

傍晚会抵达露营地时，也可以在当地买炸好的猪排，做猪排盖饭

把 1 人份 1 天的行动食物分装起来，会很方便

去摘山野菜吧

去看、去摸、去记

在野外或山里，有很多可以吃的植物。我们平常吃的蔬菜，最早也是生长在大自然的山间田野里，这些植物经过各种改良，变得更容易食用之后，就成了现在人们所栽种的蔬菜。山野菜保留了原本山间田野的气息，充满了大自然的味道，在野外发生食物不足的情况下，只要你认得哪些是可以吃的山野菜，就能生存下去。为了辨识出是有毒还是可食的植物，一开始要先请熟识山野菜的人带我们去摘采，要用眼睛看、用手去摸，逐一清楚地记下来。

注意别摘太多！

摘山野菜时穿和去山里一样的衣服就可以了，不要忘了带报纸和塑料袋。把采摘下来的茎或叶子，包在浸了水的报纸里，然后装进塑料袋，这样一直到回去之前都能维持新鲜。采摘嫩芽、叶子或茎时，不可以连根一起拔起来，而是要用刀子切下来，虽然很麻烦，但是如果把根留下来，明年就可以在同样的地方采摘到。别摘得太多，只要够吃的分量就好，这一点一定要特别注意。

也有不可以采摘的地方

日本的一些国家公园、国家公园预定地，以及县市政府设立的自然公园等地，是禁止采摘植物的。请记得询问当地人或管理单位，看看前往的场所是否可以采摘山野菜。有些山野的土地是属于私人所有，如果未经同意便自行闯入，会徒增主人的困扰。所以，请你一定要事先问清楚才行。

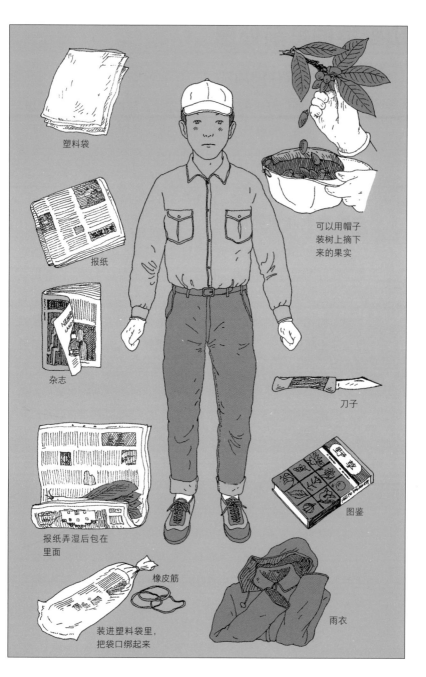

塑料袋

报纸

杂志

报纸弄湿后包在
里面

可以用帽子
装树上摘下
来的果实

刀子

图鉴

橡皮筋

雨衣

装进塑料袋里,
把袋口绑起来

山野菜的食前处理

用流动的水仔细冲洗

摘下来的山野菜会沾有泥土或灰尘，所以要先用水冲干净。处理叶子时虽然很麻烦，但还是要一片一片仔细清洗，因为没有什么会比吃的时候沙子在口中滚动的感觉更令人讨厌了。不要偷懒，仔细地清洗吧。

去除生臭味很简单

不论是哪种山野菜，多少都带有生臭味。若只是一点点的味道，还可以说是山野风味、很好吃，但味道要是太强，会有很重的苦味或涩味，吃起来就很难受了。在摘山野菜时，颜色会沾到手套上而且味道很难闻的，大多是有很强烈的生臭味，这时候就得先除去味道才行。大部分的山野草用加了盐的热水烫过之后再泡冷水，就可以去除生臭味了，味道越强的，泡在冷水里越久。处理独活（土当归）时，要用醋代替盐，醋还可以防止变色。可食用的花先用醋水烫过再泡冷水，除掉生臭味之后，再轻轻拧干，就能拿去做菜了。

蕨菜、紫萁比较麻烦

这两种植物的生臭味特别强烈，去除它们的味道，要使用木灰或小苏打粉，小苏打粉可以在食品店买到。首先把木灰或小苏打粉抹在蕨菜或紫萁上，然后放入扁平的容器或锅子里，接着注入热水到刚好能盖住它们的程度，把盖子盖上，放上石头压住，静置一晚后，便能去除生臭味了。食用前洗一洗，用热水烫过后放在冷水里泡 2 ~ 3 小时，轻轻拧干后就可以拿来做菜了。

加盐进去烫

在整锅热水里，加入少许盐

不论是哪种山野菜，都要从茎的部位放进去 →

在冷水中冷却

加醋进去烫

少许的醋

红、紫、黄色的花，颜色会特别鲜艳

为了留下独活清脆的口感，不要用热水烫，而是放在醋水里泡

使用木灰或小苏打粉

全部都涂抹上

注入热水后，用石头压上

放置一晚

洗后用热水烫

在冷水里泡洗 2～3 小时

山野菜的美味吃法

简单又好吃的凉拌菜

把已除去生臭味、轻轻拧干的山野菜，切成容易入口的大小，上面撒上柴鱼片、淋上酱油，就是一道烫青菜了。稍微花点时间，参考 119 页的芝麻凉拌、醋味噌凉拌等，尝试做出各式各样的凉拌菜吧，诀窍是使用符合山野菜特性的凉拌酱汁。例如：把有酸味的山野做成醋味噌凉拌，有辣味的做成辣椒凉拌。稍微咬一下，就会知道山野菜的特性了。芝麻凉拌适合大部分的山野菜，可以用花生代替芝麻，味道会变得更香更好吃。

天妇罗，是不必去除生臭味就能吃的料理

山野菜所带有的苦味和刺激味道，一遇到油就完全"败退"了，只要用油炸过后，生臭味就能完全去除。大部分山野草做成的天妇罗，都十分美味，仔细洗干净后，除去水气，再裹上面衣，下到油锅里去炸，油的温度，维持在面衣下沉到油的一半位置时便会浮起来的程度（170 ~ 180 摄氏度）最好。由于会用到很多油，所以即使重复做了几次，也要注意不要被烫伤。炸好的东西，可撒上盐，或沾上天妇罗酱汁吃。

多余的食材，就盐渍或冷冻保存

把洗净去水的山野菜薄薄地摊平，撒上盐，然后再放上一层山野菜，再撒上盐，就这样重复地叠在一起。之后盖上盖子，用石头压住，放置 2 ~ 3 天，再装进塑料袋里保存起来。此外，冷冻保存也是很方便的，把山野菜快速烫过，用水冷却后轻轻拧干，参考每次的使用分量，一份份地用保鲜膜包起来，再把这些都装进塑料袋里，放到冰箱冷冻保存。

凉拌菜

食材切成易入口的大小

辣椒酱油

在辣椒里拌入酱油

芝麻凉拌

把芝麻磨碎，放入酱油和砂糖一起搅拌

芝麻2：酱油2：砂糖1

醋味噌凉拌

砂糖加到味噌里磨细，倒入醋后继续搅拌

吃之前用筷子拌一拌

味噌2：醋1：砂糖1

天妇罗

用抹布或纸巾吸去水分

混合搅拌成面衣

蛋1颗

面粉 水

1杯 1杯

裹上薄薄的面衣，一个接一个下去炸

盐渍保存

与盐依次重叠

使用时用热水烫一下，泡在冷水里冷却

冷冻保存

用保鲜膜仔细包到密不通风，使用时放在室温下，自然就会解冻了

163

春之七草与秋之七草

到山里采摘春之七草吧

日本古代有一首吟诵春之七草的和歌:"芹、荠、御形、繁缕、佛之座、菘、萝卜,此为七草。"这些文字具有音韵美,读起来朗朗上口。水芹、荠菜和繁缕的名称都和现在一样,御形是指现在的鼠曲草,佛之座是宝盖草,菘是芜菁,萝卜则是指白萝卜。很久以前,日本就有在1月7日的早晨,将这七草切碎加入粥里吃的习俗,据说可以驱除"邪气"(会带来疾病等的坏东西)。尽管现在冬天也能在店里买到绿色的蔬菜,但是以前的人,只要摘到这些菜时,便会对春天的到访感到无比欣喜。如今芜菁、白萝卜还可以去蔬果店里买,但是其他的就只能到山间田野中找找看了。

秋之七草的花很美丽,还可以当成药材

也有一首吟诵秋之七草的和歌:"萩之花、尾花、葛花、抚子之花、女郎花及藤、朝颜。"尾花就是芒草,萩、葛、抚子、女郎花、藤袴的名称都和现在一样,只有朝颜被认为或许是现在的桔梗。没有人会直接食用秋之七草,而是把它们当成中药材使用。萩和葛的根,干燥之后拿去煎煮,可以解热;抚子花的种子,可以利尿;女郎花的根,可以消肿;藤袴整株草,都可以治疗黄疸;桔梗的根,干燥之后拿去煎煮,可以治疗咳嗽或喉咙痛。秋之七草就是这些药草的集合,去山间田野中,寻找秋之七草吧。这些可以用来作为中药的草,被称为生药,把根、叶或种子干燥之后,就可以使用了。

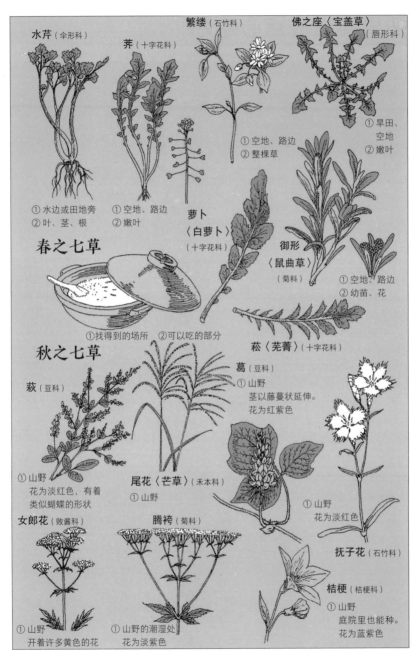

水芹〈伞形科〉

荠〈十字花科〉

繁缕〈石竹科〉

佛之座〈宝盖草〉〈唇形科〉

①水边或田地旁
②叶、茎、根

①空地、路边
②嫩叶

①空地、路边
②整棵草

①旱田、空地
②嫩叶

春之七草

萝卜〈白萝卜〉〈十字花科〉

御形〈鼠曲草〉〈菊科〉

①空地、路边
②幼苗、花

①找得到的场所　②可以吃的部分

菘〈芜菁〉〈十字花科〉

秋之七草

萩〈豆科〉

①山野
花为淡红色，有着类似蝴蝶的形状

尾花〈芒草〉〈禾本科〉

①山野

葛〈豆科〉

①山野
茎以藤蔓状延伸。
花为红紫色

①山野
花为淡红色

女郎花〈败酱科〉

腾袴〈菊科〉

①山野
开着许多黄色的花

①山野的潮湿处
花为淡紫色

抚子花〈石竹科〉

桔梗〈桔梗科〉

①山野
庭院里也能种。
花为蓝紫色

把果实当成点心吃吧

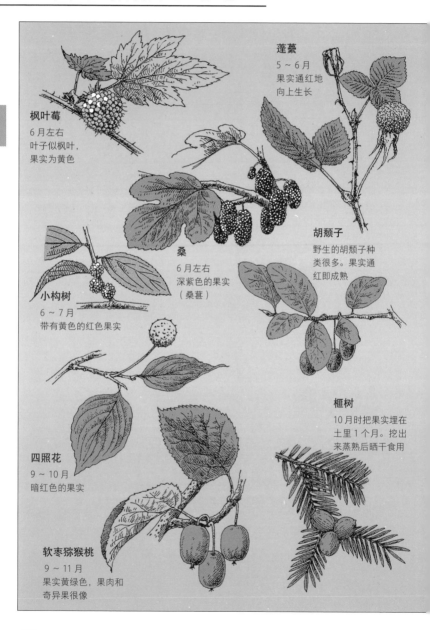

蓬蘽

5～6月
果实通红地
向上生长

枫叶莓

6月左右
叶子似枫叶,
果实为黄色

桑

6月左右
深紫色的果实
（桑葚）

胡颓子

野生的胡颓子种
类很多。果实通
红即成熟

小构树

6～7月
带有黄色的红色果实

四照花

9～10月
暗红色的果实

榧树

10月时把果实埋在
土里1个月。挖出
来蒸熟后晒干食用

软枣猕猴桃

9～11月
果实黄绿色,果肉和
奇异果很像

从春天到秋天，山里长有许多又酸又甜的美味果实。如果你找到这里所介绍的东西，请尝一尝，看看它是什么样的味道。

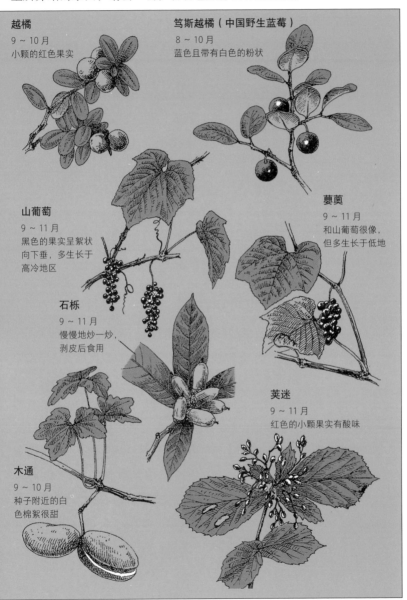

越橘
9～10月
小颗的红色果实

笃斯越橘（中国野生蓝莓）
8～10月
蓝色且带有白色的粉状

山葡萄
9～11月
黑色的果实呈絮状
向下垂，多生长于
高冷地区

蘡薁
9～11月
和山葡萄很像，
但多生长于低地

石栎
9～11月
慢慢地炒一炒，
剥皮后食用

荚迷
9～11月
红色的小颗果实有酸味

木通
9～10月
种子附近的白
色棉絮很甜

来喝自制的茶吧

春天就自己制作新茶吧

日本茶也好、红茶也好、中国茶也好，其实全部都是由相同的茶树制成的。明明如此，颜色和味道却不一样，这种差异在于摘下的叶子是否自然发酵所产生的不同。发酵的茶，颜色就会变成像红茶或中国茶般的茶色。但是，如果经由蒸、炒过，而不经发酵，颜色就会变成像日本茶般的绿色（烘焙茶是将做好的茶叶再拿去炒，所以会呈茶色）。日本除了北海道以外，全国各地都栽种了茶树，如果能取得柔软的嫩叶，不妨试着自己制作茶叶看看。准备的工具是厚锅子、工作手套和包装纸，炒的时候要小心别炒焦了，然后用手搓揉过之后再继续炒，这个流程要重复 2 ~ 3 遍。自制的新茶，一定是别有风味。

箬竹或蒲公英也可以制茶

箬竹的叶子也可以制茶，尽可能收集鲜嫩又漂亮的箬竹叶，用没有油的锅干煎。在野外使用组合炊具时，里面铺上锡箔纸比较好，因为锅子会黑掉。要很有耐心地炒，等颜色变成茶色、炒得很干燥之后，就直接注入热水泡着喝。在家里做的时候，自然会把茶叶放进茶壶里，但是在野外时，这种豪迈的方式也很有趣，让你喝到田野香气的茶。艾草的嫩叶也可以拿来制茶，蒲公英则是使用根部。将洗得很干净的根切碎，仔细地干煎，倒进热水后，就会变成深茶色的茶了。因为这种颜色的关系，也被称为蒲公英咖啡，加砂糖进去更好喝。另外像是车前草、白三叶草等也一样，只要将整株草切碎，用同样的方法做，就可以制成茶了。

茶

一开始用大火

把锅烧热，小心不要炒焦 →

在包装纸上用力搓揉

工作手套

再继续炒

小火

箬竹茶

在组合炊具里铺上锡箔纸

炒到变黄为止

注入热水

蒲公英咖啡

根切得很碎

注入热水后，放置5～10分钟

在家里制作时，用手捞网烘焙器很方便

169

可以吃的山野菜

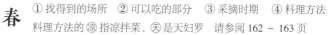

春 ① 找得到的场所　② 可以吃的部分　③ 采摘时期　④ 料理方法
料理方法的 凉 指凉拌菜、天 是天妇罗　请参阅 162 ～ 163 页

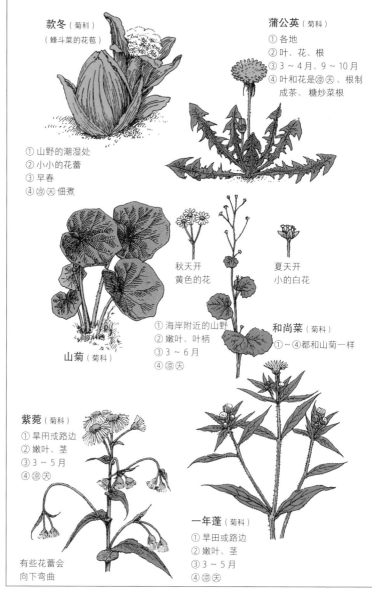

款冬（菊科）
（蜂斗菜的花苞）

① 山野的潮湿处
② 小小的花蕾
③ 早春
④ 凉 天 佃煮

蒲公英（菊科）
① 各地
② 叶、花、根
③ 3 ～ 4 月、9 ～ 10 月
④ 叶和花是 凉 天 、根制
　成茶、糖炒菜根

秋天开
黄色的花

夏天开
小的白花

① 海岸附近的山野
② 嫩叶、叶柄
③ 3 ～ 6 月
④ 凉 天

山菊（菊科）

和尚菜（菊科）
①～④都和山菊一样

紫菀（菊科）
① 旱田或路边
② 嫩叶、茎
③ 3 ～ 5 月
④ 凉 天

有些花蕾会
向下弯曲

一年蓬（菊科）
① 旱田或路边
② 嫩叶、茎
③ 3 ～ 5 月
④ 凉 天

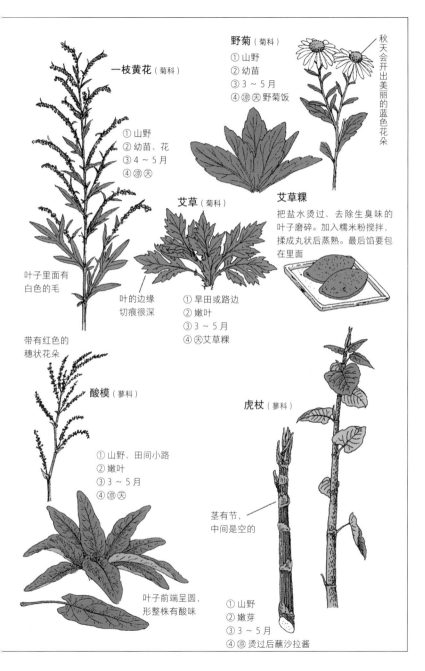

野菊（菊科）

① 山野
② 幼苗
③ 3 ～ 5 月
④ 凉天 野菊饭

秋天会开出美丽的蓝色花朵

一枝黄花（菊科）

① 山野
② 幼苗、花
③ 4 ～ 5 月
④ 凉天

叶子里面有白色的毛

艾草（菊科）

叶的边缘切痕很深

① 旱田或路边
② 嫩叶
③ 3 ～ 5 月
④ 天 艾草粿

艾草粿

把盐水烫过、去除生臭味的叶子磨碎。加入糯米粉搅拌，揉成丸状后蒸熟。最后馅要包在里面

带有红色的穗状花朵

酸模（蓼科）

① 山野、田间小路
② 嫩叶
③ 3 ～ 5 月
④ 凉天

叶子前端呈圆，形整株有酸味

虎杖（蓼科）

茎有节，中间是空的

① 山野
② 嫩芽
③ 3 ～ 5 月
④ 凉 烫过后蘸沙拉酱

171

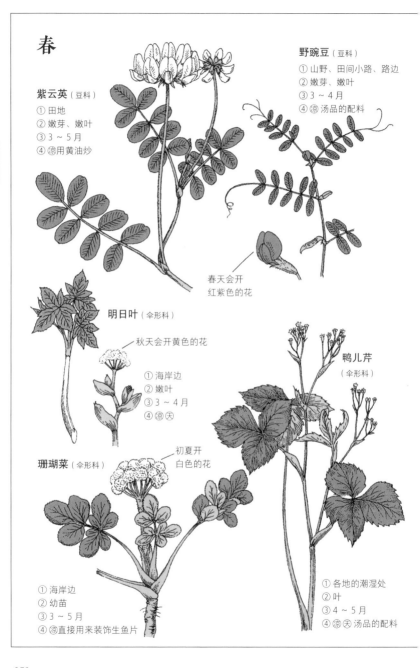

春

紫云英（豆科）
① 田地
② 嫩芽、嫩叶
③ 3 ～ 5 月
④ 🍳用黄油炒

野豌豆（豆科）
① 山野、田间小路、路边
② 嫩芽、嫩叶
③ 3 ～ 4 月
④ 🍲汤品的配料

春天会开
红紫色的花

明日叶（伞形科）

秋天会开黄色的花

① 海岸边
② 嫩叶
③ 3 ～ 4 月
④ 🍳🍲

鸭儿芹
（伞形科）

初夏开
白色的花

珊瑚菜（伞形科）

① 海岸边
② 幼苗
③ 3 ～ 5 月
④ 🍳直接用来装饰生鱼片

① 各地的潮湿处
② 叶
③ 4 ～ 5 月
④ 🍳🍲汤品的配料

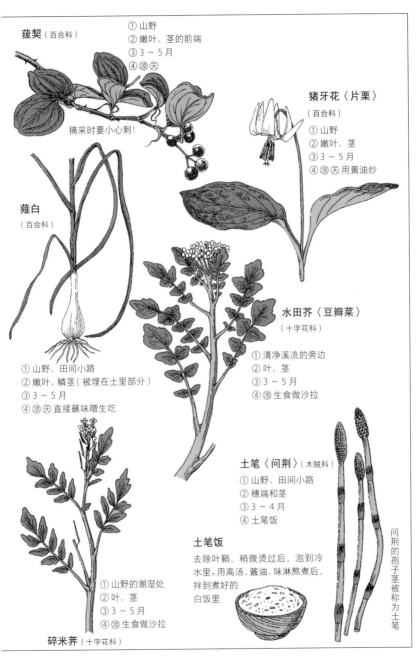

菝葜（百合科）
① 山野
② 嫩叶、茎的前端
③ 3～5 月
④凉天

摘采时要小心刺！

猪牙花〈片栗〉
（百合科）
① 山野
② 嫩叶、茎
③ 3～5 月
④凉天 用黄油炒

薤白
（百合科）

① 山野、田间小路
② 嫩叶、鳞茎（被埋在土里部分）
③ 3～5 月
④凉天 直接蘸味噌生吃

水田芥〈豆瓣菜〉
（十字花科）

① 清净溪流的旁边
② 叶、茎
③ 3～5 月
④凉 生食做沙拉

土笔〈问荆〉（木贼科）

① 山野、田间小路
② 穗端和茎
③ 3～4 月
④ 土笔饭

土笔饭

去除叶鞘，稍微烫过后，泡到冷水里。用高汤、酱油、味淋熬煮后，拌到煮好的白饭里

① 山野的潮湿处
② 叶、茎
③ 3～5 月
④凉 生食做沙拉

碎米荠（十字花科）

问荆的孢子茎被称为土笔

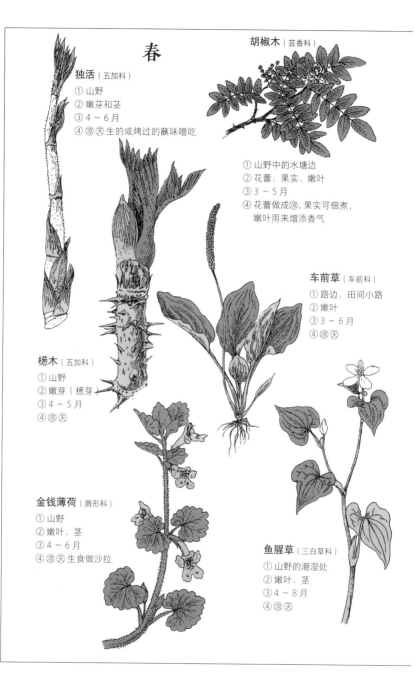

春

独活（五加科）
① 山野
② 嫩芽和茎
③ 4～6 月
④ 🈚🈡 生的或烤过的蘸味噌吃

胡椒木（芸香科）

① 山野中的水塘边
② 花蕾、果实、嫩叶
③ 3～5 月
④ 花蕾做成🈚,果实可佃煮,
嫩叶用来增添香气

车前草（车前科）
① 路边、田间小路
② 嫩叶
③ 3～6 月
④ 🈚🈡

楤木（五加科）
① 山野
② 嫩芽（楤芽）
③ 4～5 月
④ 🈚🈡

金钱薄荷（唇形科）
① 山野
② 嫩叶、茎
③ 4～6 月
④ 🈚🈡 生食做沙拉

鱼腥草（三白草科）
① 山野的潮湿处
② 嫩叶、茎
③ 4～8 月
④ 🈚🈡

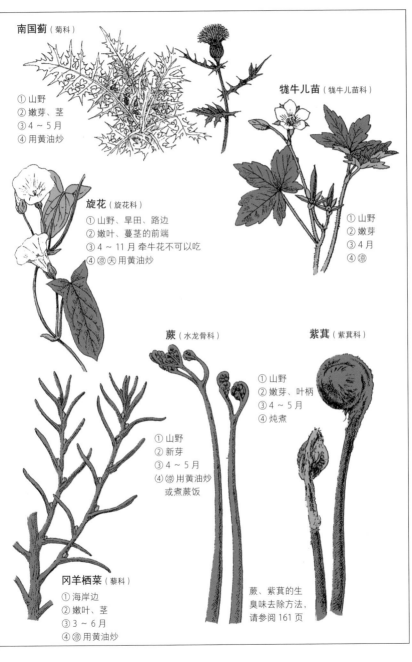

南国蓟（菊科）
① 山野
② 嫩芽、茎
③ 4 ~ 5 月
④ 用黄油炒

牻牛儿苗（牻牛儿苗科）
① 山野
② 嫩芽
③ 4 月
④ ⑳

旋花（旋花科）
① 山野、旱田、路边
② 嫩叶、蔓茎的前端
③ 4 ~ 11 月 牵牛花不可以吃
④ ⑳⑮ 用黄油炒

蕨（水龙骨科）
① 山野
② 新芽
③ 4 ~ 5 月
④ ⑳ 用黄油炒
  或煮蕨饭

紫萁（紫萁科）
① 山野
② 嫩芽、叶柄
③ 4 ~ 5 月
④ 炖煮

冈羊栖菜（藜科）
① 海岸边
② 嫩叶、茎
③ 3 ~ 6 月
④ ⑳ 用黄油炒

蕨、紫萁的生
臭味去除方法，
请参阅 161 页

175

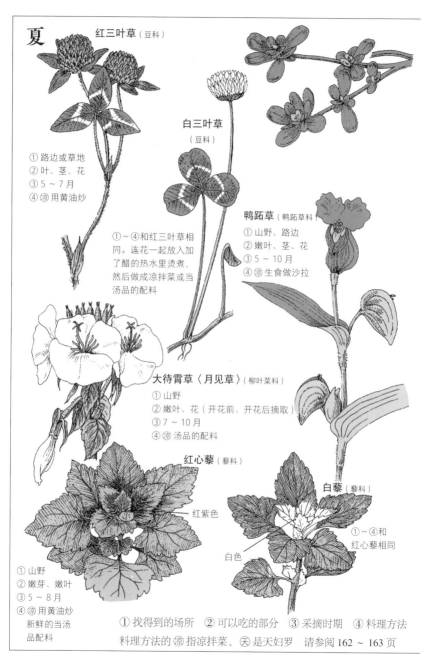

夏

红三叶草（豆科）

白三叶草
（豆科）

① 路边或草地
② 叶、茎、花
③ 5～7月
④ ❄用黄油炒

①～④和红三叶草相
同。连花一起放入加
了醋的热水里烫煮，
然后做成凉拌菜或当
汤品的配料

鸭跖草（鸭跖草科）

① 山野、路边
② 嫩叶、茎、花
③ 5～10月
④ ❄生食做沙拉

大待霄草〈月见草〉（柳叶菜科）

① 山野
② 嫩叶、花（开花前、开花后摘取）
③ 7～10月
④ ❄汤品的配料

红心藜（藜科）

红紫色

白藜（藜科）

①～④和
红心藜相同

白色

① 山野
② 嫩芽、嫩叶
③ 5～8月
④ ❄用黄油炒
新鲜的当汤
品配料

① 找得到的场所　② 可以吃的部分　③ 采摘时期　④ 料理方法
料理方法的❄指凉拌菜、天是天妇罗　请参阅 162～163 页

176

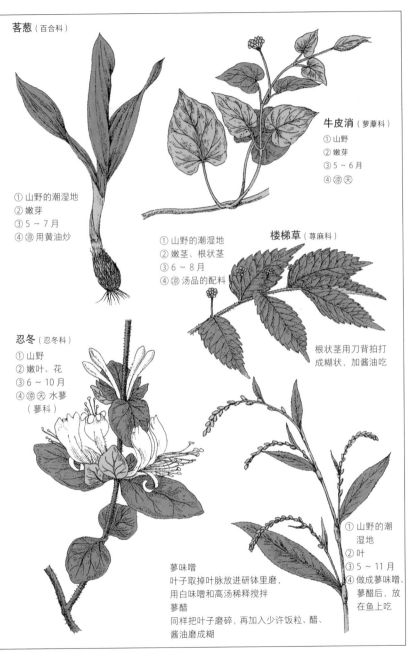

茖葱（百合科）

① 山野的潮湿地
② 嫩芽
③ 5～7月
④ 凉 用黄油炒

牛皮消（萝藦科）

① 山野
② 嫩芽
③ 5～6月
④ 凉 天

① 山野的潮湿地
② 嫩茎、根状茎
③ 6～8月
④ 凉 汤品的配料

楼梯草（荨麻科）

根状茎用刀背拍打
成糊状，加酱油吃

忍冬（忍冬科）

① 山野
② 嫩叶、花
③ 6～10月
④ 凉 天 水蓼
　（蓼科）

蓼味噌
叶子取掉叶脉放进研钵里磨，
用白味噌和高汤稀释搅拌
蓼醋
同样把叶子磨碎，再加入少许饭粒、醋、
酱油磨成糊

① 山野的潮
　湿地
② 叶
③ 5～11月
④ 做成蓼味噌、
　蓼醋后，放
　在鱼上吃

秋~冬 （包含全年都有的植物）

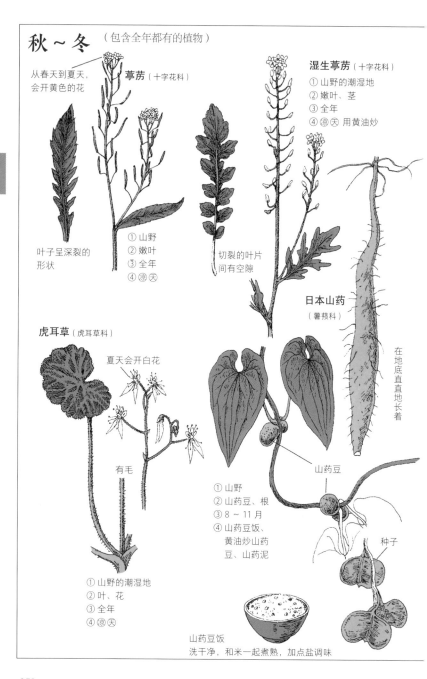

从春天到夏天，会开黄色的花

葶苈（十字花科）

叶子呈深裂的形状

① 山野
② 嫩叶
③ 全年
④ 凉天

湿生葶苈（十字花科）

① 山野的潮湿地
② 嫩叶、茎
③ 全年
④ 凉天 用黄油炒

切裂的叶片间有空隙

日本山药

（薯蓣科）

在地底直直地长着

虎耳草（虎耳草科）

夏天会开白花

有毛

① 山野的潮湿地
② 叶、花
③ 全年
④ 凉天

山药豆

① 山野
② 山药豆、根
③ 8～11月
④ 山药豆饭、
　黄油炒山药
　豆、山药泥

种子

山药豆饭
洗干净，和米一起煮熟，加点盐调味

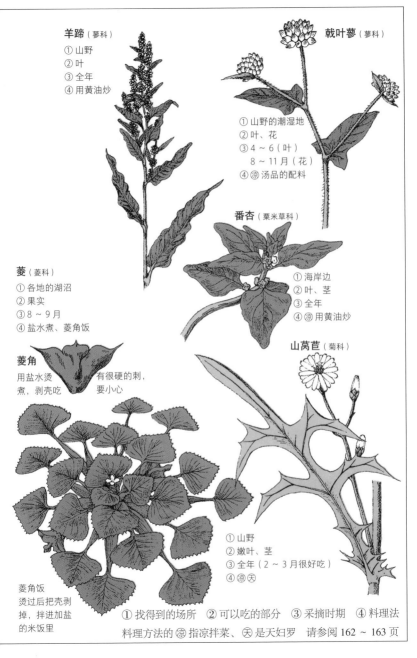

羊蹄（蓼科）

① 山野
② 叶
③ 全年
④ 用黄油炒

戟叶蓼（蓼科）

① 山野的潮湿地
② 叶、花
③ 4 ～ 6（叶）
　　8 ～ 11 月（花）
④ ⊛ 汤品的配料

番杏（粟米草科）

① 海岸边
② 叶、茎
③ 全年
④ ⊛ 用黄油炒

菱（菱科）

① 各地的湖沼
② 果实
③ 8 ～ 9 月
④ 盐水煮、菱角饭

菱角

用盐水烫
煮，剥壳吃

有很硬的刺，
要小心

山莴苣（菊科）

① 山野
② 嫩叶、茎
③ 全年（2 ～ 3 月很好吃）
④ ⊛ 天

菱角饭
烫过后把壳剥
掉，拌进加盐
的米饭里

① 找得到的场所　② 可以吃的部分　③ 采摘时期　④ 料理法
料理方法的 ⊛ 指凉拌菜、天 是天妇罗　请参阅 162 ～ 163 页

冷冻干燥食品，CHUÑO

冷冻干燥食品，原本是为了航天员的饮食而研发出来的。运用这种技术，现在的日本连粉末酱油、山药泥、萝卜泥等都能制作出来。冷冻干燥食品看似是科学技术发展的成果，但其实很早以前就已经存在了。居住在南美安第斯山脉的印第安人，他们的主食就是冷冻干燥的马铃薯CHUÑO（音：丘纽）。虽说是马铃薯，它却像是沾满粉的柿饼一样，和我们所知道的马铃薯完全不一样。

印第安人所住的安第斯山脉，是海拔4000米的高地，日夜温差大，气候也很干燥。CHUÑO是在夏天制作的。摆放在地上的马铃薯，到晚上会被冻得硬邦邦的，白天又被太阳的热度晒软，这样持续几天之后，马铃薯就会逐渐变得软软的，这时候就用脚去踩扁。当里面的水分全都被挤出来之后，再拿去风干，马铃薯就会变得又轻又小，CHUÑO便完成了。

也就是说，冷冻干燥法，其实是原本就有的，这样做出来的CHUÑO，可以保存数年。吃的时候，先用水把它恢复原状再煮来吃就可以了。对印第安人来说，它是不可或缺的重要食物。

睡觉

野外露宿

天气好的夜晚，就睡在外面吧

今晚是个好天气，就睡在外面吧。如果没有睡袋，就用弄脏也无所谓的毛毯。能睡在原野当然最好，但即使睡在庭院或露台上也很有意思，尤其是炎热的夏夜，屋外一定会很凉爽。就跟野生动物一样，人类也曾在自然的环境中过夜，然而为了避开风雨和危险动物的攻击，才开始住到洞穴或屋子里。拿出勇气，找一个好天气、又不会碰到危险动物的场所，一边眺望星空，一边睡觉吧。

没有人第一次野外露宿，就能安然入睡

实际上，第一次野外露宿，是很难睡得着的。背部好像压到了什么，手脚似乎被虫子咬了，蚊子嗡嗡声很吵，很担心会突然下起雨来，应该不会有什么出现吧……在还没有习惯之前，或许会很在意这些事情吧。这种时候，就在睡袋底下垫一块塑料地布，上面用大块的布搭个棚子，只要有类似屋顶的东西挡着，就会让人松一口气，感觉安心许多。能在短时间内把不安降低到最小，对在野外生活的人来说，是十分必要的能力。如果你第一次就能睡得很香，表示你相当具有冒险者的资质。

野外露宿，真的很有趣

野外露宿的乐趣，在于早晨。透过鸟儿的啼叫声知道天亮了，早晨的阳光会叫你起床，即使身体被朝露打湿了，升起的太阳也能马上就帮你晒干，这是只有野外露宿才享受得到的绝妙体验。第二次的野外露宿，你一定能睡得更安稳了。

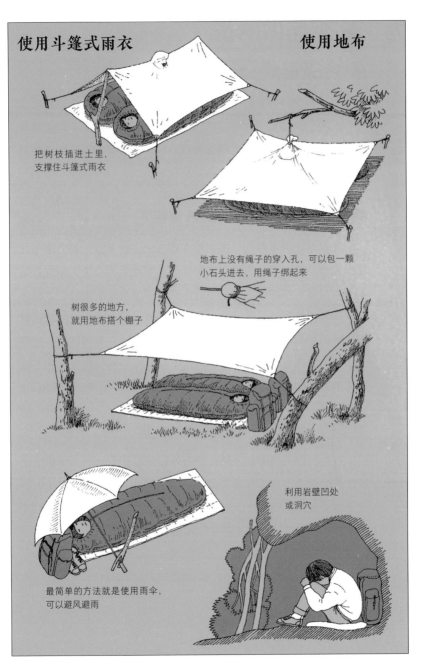

使用斗篷式雨衣

使用地布

把树枝插进土里，
支撑住斗篷式雨衣

地布上没有绳子的穿入孔，可以包一颗
小石头进去，用绳子绑起来

树很多的地方，
就用地布搭个棚子

最简单的方法就是使用雨伞，
可以避风避雨

利用岩壁凹处
或洞穴

183

为了好眠而做准备

睡眠，能储备身体的能量

不论再怎么疲惫，只要好好睡上一觉，身体就会变得轻松又舒畅。为了保持精力充沛，我们得学会不论何时、不论何地都能安然入睡。尤其在野外有几天的活动时，更需要靠充足的睡眠来储备我们的体能。

睡不着，就什么都别想地发呆吧

在家里睡得很好，一换了地方就怎么也睡不着。其实这不是什么稀奇的事，要是你遇到这种情况，不要觉得心烦，即使只是躺着，身体也一样能得到充足的休息。不要再想明天的计划和食物了，否则会更睡不着。这种时候，即使做起来会有点困难，但就让你的脑袋放空，好好发个呆吧。这也算是一种训练，一晚没睡也不会有问题的，保持这种心情也很重要。有时候也会肚子饿得睡不着，这时就喝点温暖的饮料、吃些小饼干填填肚子再睡。

想要晚上好好睡一觉，该怎么做？

首先，白天要多动一动。在野外露营时，大量的工作和活动所产生的疲劳，自然会让人想睡。如果感觉寒冷，就要添加衣物让身体暖和，忍耐寒冷也是会让人睡不着的。另外，松开腰带让整个身体放轻松，或是把垫子下面的小石头、小树枝拿开，不要让身体压到东西，即使是一颗小石头，也可能会让人无法安眠。这种时候，收集许多树叶来代替床垫，也是挺不错的。

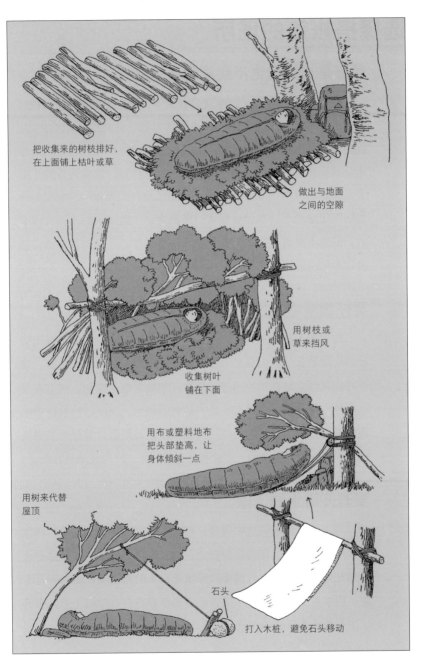

把收集来的树枝排好，
在上面铺上枯叶或草

做出与地面
之间的空隙

用树枝或
草来挡风

收集树叶
铺在下面

用布或塑料地布
把头部垫高，让
身体倾斜一点

用树来代替
屋顶

石头

打入木桩，避免石头移动

选择搭帐篷的场所

最好是光脚走也不会痛的平坦地方

搭了帐篷就表示：今晚这里就是家，要睡在这里面的意思。把躺下来的舒适度当作第一考虑，就得找一处地面平坦的地方。有些可以拿开的小石头还没问题，但是假使有树根或岩石，最好还是放弃比较好，因为根本不可能把它们移开，试着光着脚走走看，很容易就明白了。其他方面，如果能在距离40～50米的地方取得干净的水，那就更好了，距离太远，搬运水的工作会很辛苦，但也不要离岸边太近，否则水声会很吵，一旦河水上涨，也会让人觉得很可怕。

要仔细观察周围的状况

树木若生长在迎风的那一面，就可以用来挡风。帐篷是用轻盈的材质做成的，大多经不住风吹，如果搭在树木的背风处，就正好能利用它来挡风。不过，还得仔细地观察这棵树，树上有没有枯枝？树身枯掉了没有？要不然吹起强风，飞来的树枝打中帐篷，事情可就严重了，所以，必须确认它是不是长着绿叶的健康树木。此外，在岩壁的下方会有落石的危险，所以还是放弃吧。

要避开雨水的通道

为了防止雨水流进帐篷里，可以在帐篷周围挖出沟渠，当作排水的通道。不过挖沟渠很费力，离开时还得填回原状，还是直接避开雨水的通道比较简单。哪里是雨水的通道呢？山上一旦下雨，雨水就会汇集成小水流，连带把许多东西都冲刷下来，布满了小石头或小树枝的地方，就是雨水的通道。

山丘上，容易吹到风

山崖下，有落石或沙土掉落的危险

山谷里，排水差

河流岸边，河水上涨时有被冲走的危险

河中的沙洲，水位上升时，会让人无法回到岸上

距离 40 ~ 50 米处可以取得干净的水、位于树荫下、排水良好的地方是最适宜的

各种帐篷

帐篷的好处

有过野外露宿经验的人，在进入帐篷时，应该会很惊讶它所带给人的那种安全感吧。里面既有屋顶又有墙壁，是个与外面世界隔绝的空间。帐篷是个可携带、既轻又小的安稳住所，只要有帐篷，就让人有信心在野外过夜了。

帐篷的形状、大小、重量

在校外教学的露营中，经常使用的是复合屋式帐。正如其名，它有着和住宅屋顶一样的形状，所以让人觉得很熟悉，它是把地布铺在地面上，然后再去搭设帐篷，适用于人数较多的场合，以及长期的露营。另外，最近常使用的4～5人用的帐篷，是蒙古包形、圆拱形、A字形帐篷，它们以轻盈的材料制成，铺在地面的地布、墙壁与屋顶的部分都被缝在一起，一体成型是其特征。与抗风性较差的复合屋式帐相比，这些帐篷虽然很能抗风，但要是没有牢牢固定在地面上，也有可能会发生整顶帐篷被吹走的情况。一顶3～4人用的帐篷重量大约是5千克。

在野外使用前，先在家中或庭院里搭看看吧

在野外搭设帐篷时，要是不知道该如何组装就麻烦了。还有，如果零件的数量不够，也搭不了帐篷，所以要事先在家中或庭院里练习，并做好零件的检查。除了大型的复合屋式帐以外，其他的帐篷都是一个人就能搭设的。帐篷搭好后，为了避免雨水从缝隙中漏进来，在外侧涂上防水乳胶，做到万无一失。到这种程度，在野外使用帐篷的准备就结束了。

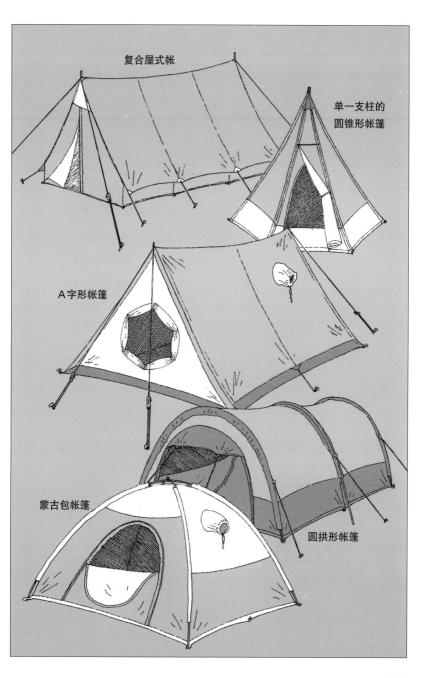

复合屋式帐

单一支柱的
圆锥形帐篷

A字形帐篷

蒙古包帐篷

圆拱形帐篷

189

帐篷的搭法

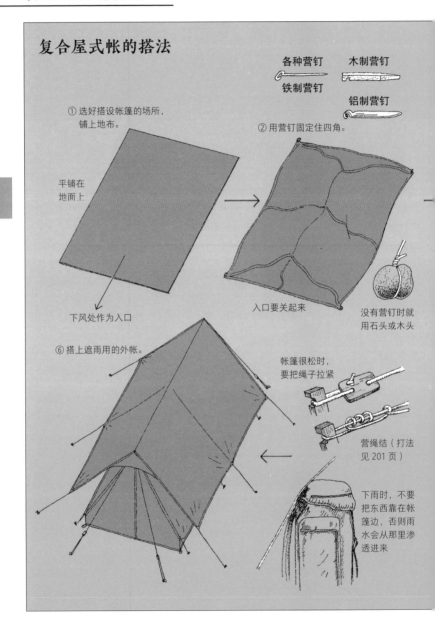

复合屋式帐的搭法

各种营钉　木制营钉
铁制营钉
铝制营钉

① 选好搭设帐篷的场所，铺上地布。

② 用营钉固定住四角。

平铺在地面上

下风处作为入口

入口要关起来

没有营钉时就用石头或木头

⑥ 搭上遮雨用的外帐。

帐篷很松时，要把绳子拉紧

营绳结（打法见201页）

下雨时，不要把东西靠在帐篷边，否则雨水会从那里渗透进来

大家一起同心协力搭起复合屋式帐吧。出发前要准备帐篷时，不要忘记确认零件，最好带着备用的营钉去。

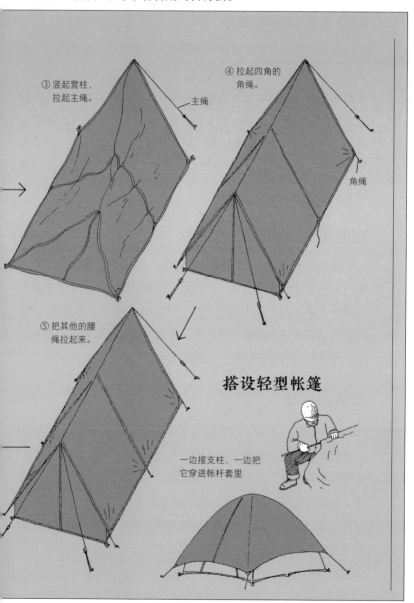

③ 竖起营柱，拉起主绳。

主绳

④ 拉起四角的角绳。

角绳

⑤ 把其他的腰绳拉起来。

搭设轻型帐篷

一边接支柱，一边把它穿进帐杆套里

准备睡袋

睡袋是可携带的被子

如果在夏天，只要钻进卷成信封状的毛毯里，就可以了。但还有比毛毯更轻、更容易携带的东西，就是睡袋。它不但会保持我们的体温，还能隔绝外面冰冷的空气，而且卷起来，只有枕头般大小，真的非常方便。对一般的孩子而言，或许会觉得睡袋有点大，但那不是问题，想想看，睡在大大的被窝里，是不是感觉更舒服呢？睡袋不是衣服，所以只要收的时候把它卷小一点，就不会变得很大了。

在睡袋的下面铺上垫子

如果想和在家里一样睡得很舒服，就在下面铺上一层垫子吧。不需要铺满整个身体，只要铺上从头到腰、厚度1厘米左右的睡垫，身体就会变得轻松许多。一般冷空气都会从头部跑进来，所以睡觉时尽量把拉链拉到上面，使露出来的空间变少。冷的时候，把围巾或毛巾围在脖子上也很有用。

睡袋的保养

为了轻便好携带，睡袋的表面使用了许多尼龙材质，所以防火性很差，只是被蜡烛滴到，就可能烧出一个洞来，在帐篷里一定要格外小心。此外，使用过的睡袋，要在晴朗的日子里拿出去晒，去除睡袋里的湿气，最好能吊在绳子上晒，像这样保养睡袋，就可以让睡袋维持保温的功能。收起来之后，要放在架子上，不能放在像是壁橱底下等阴暗潮湿的地方。

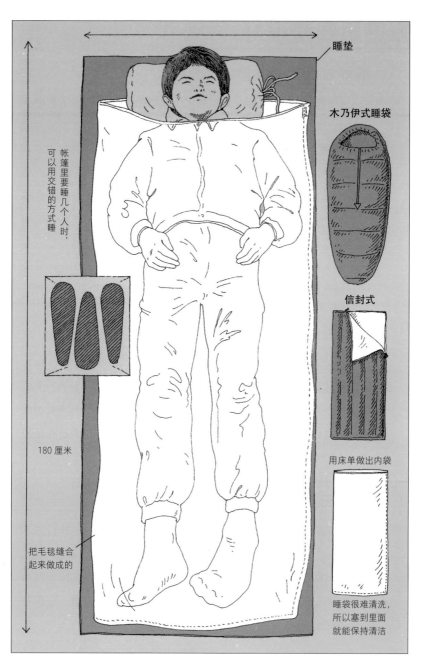

睡垫

木乃伊式睡袋

信封式

用床单做出内袋

睡袋很难清洗，所以塞到里面就能保持清洁

帐篷里要睡几个人时，可以用交错的方式睡

180 厘米

把毛毯缝合起来做成的

帐篷里要整理好

选好放行李的位置

虽然帐篷被称为可以移动的家，但里面的空间其实还是很小的，也没有可以放置物品的架子，要先安排好东西摆放的位置，尽可能把中间的地方空出来吧。个人的衣物和食物就放在背包里，不要拿出来，把共享的锅、贮水桶、食物等都集中在一起，放在入口的角落里。到了晚上，记得把鞋子拿进帐篷里，免得被夜晚的露水打湿。睡觉前，把手电筒打开，并且熄掉所有正在使用的蜡烛或露营灯，一定要确认它们完全熄灭后，才可以钻进睡袋里。贵重物品要放到睡袋中，手电筒放在枕头边会比较让人安心。像这样好好地整理过，即使半夜要起来上厕所，也不用担心会被绊倒。

东西无法放进帐篷里，该怎么办？

就把共享的炊具或食物，放到外面去吧。当然，尽可能放在帐篷旁边最好。先在地面铺上塑料地布，把那些东西放上去，上面要盖塑料布，并且用石头压在盖布的两边。接着把炉子、燃料也放到帐篷外面，要放在外帐下面、不会被弄湿的地方，因为放在帐篷里，万一蜡烛的火烧过去，就会酿成严重的火灾了。

下雨天，帐篷里就是游戏间

露营时碰上下雨很麻烦，可是，再怎么烦躁也只会让自己不快乐而已，在雨停之前，不妨用悠闲的心情唱唱歌或玩游戏吧。但是要小心，在有限的空间里，点着蜡烛或露营灯，再加上许多人的呼吸，空气就会变得很污浊，所以有人可能会头痛。记得要让帐篷的通风口维持在开启的状态。

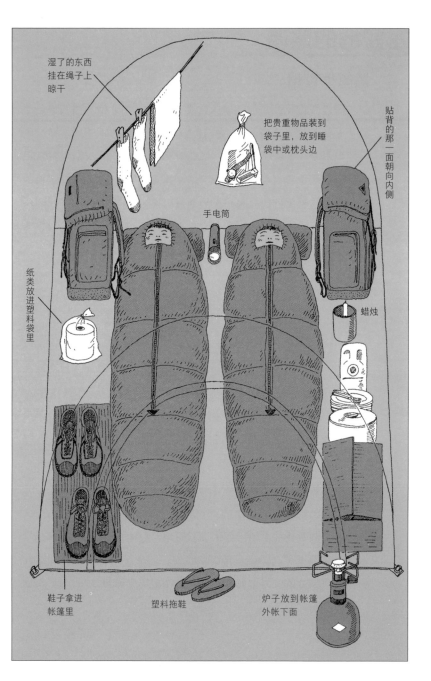

湿了的东西挂在绳子上晾干

把贵重物品装到袋子里，放到睡袋中或枕头边

贴背的那一面朝向内侧

手电筒

纸类放进塑料袋里

蜡烛

鞋子拿进帐篷里

塑料拖鞋

炉子放到帐篷外帐下面

195

露营地的照明

黑暗很可怕

假设我们比预定时间晚了，在天黑的时候才抵达露营地。要靠手电筒的灯光来搭帐篷，会让人很没自信，看不清周遭情况则会使人不安，不论哪一个人，都会对黑暗感到害怕。想到搭帐篷、吃晚餐就要大约 2 个小时，所以再晚也要在下午 4 点前抵达目的地，才能趁着天色还亮时，在当地找出搭帐篷的位置、水源等。

活动时，戴头灯很方便

照明除了蜡烛、手电筒之外，还有使用煤油或煤气的露营灯，在这些照明设备里，走路时最方便的还是手电筒。手电筒有手持的，以及戴在头上的头灯，从可以使用双手这一点来看，用头灯会比较方便，在帐篷里记录一整天所发生的事情时，也可以使用它。不过，电池要是没电就不能用了，所以要准备好替换的电池。

在帐篷里，合理利用蜡烛的光芒

长时间在帐篷里使用手电筒，电池很快就会没电了，所以，在帐篷里就使用蜡烛吧。微小而安静的烛光，有一股让人稳定安心的力量。把放在帐篷里的食物，用蜡烛的光芒照照看，呈现的颜色和之前看到的都不一样了，只觉得看起来比平常要好吃多了。不过，蜡烛再怎么说都是危险的火源，一定要选择好放置和悬挂的场所。睡觉前，一定要确认烛火完全熄灭了才行。

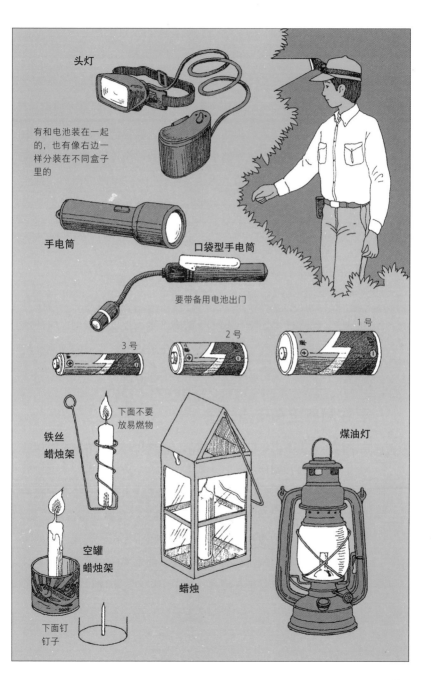

头灯

有和电池装在一起的，也有像右边一样分装在不同盒子里的

手电筒

口袋型手电筒

要带备用电池出门

3号　2号　1号

铁丝蜡烛架

下面不要放易燃物

空罐蜡烛架

下面钉钉子

蜡烛

煤油灯

197

野外的厕所

厕所的位置，要设在比帐篷低的下风处

抵达目的地、选好搭帐篷的场所后，接下来就是安置厕所。在野外，上厕所是最麻烦的问题，所以就让我们搭设出简单好用又舒适的厕所吧。在比帐篷更下风处，找一个可以利用树丛等遮蔽住的场所。不要离河流太近，要保留 10 ~ 20 米的距离，排泄物在土中一段时间后，会被微生物分解，然后变回土壤，要是离河流太近，还没分解完就会流入河流，那就太不卫生了。

厕所的臭味要怎么处理

每次使用完，都要覆盖上土或沙子，因此，在洞旁边要堆有土或沙，然后插上用来代替铲子的扁平木头；也可以用大块的木片把洞盖起来。此外，挖洞时把小石头丢进去，在上面铺满杉树的叶子，杉叶的香味可以使臭味减弱许多。

要在厕所上多下点功夫

把厕所里的卫生纸装在塑料袋或空罐里，下雨时就不怕被淋湿了，若是要在同样的地方生活 2 ~ 3 天，最好能做一个卫生纸架。还有，用木板做个牌子挂上去，以便让人知道是否有人在使用，如此一来，完美的野外厕所就完成了。在离开露营地之前，不要忘记在厕所的遗迹处覆盖泥土，并留下标志，好让后来的人知道那里曾经是厕所。把写有"厕所"的木牌插在地面上，是最清楚的，但即使只是把土堆高、插上小树枝，也能传达出那里是有人使用过的场所。

简单的厕所

约 20 厘米

用铲子或木头去挖

用铲子或木头把沙土盖上去

杉叶

设置在草丛中

准备一桶洗手用的水

无人

卷筒卫生纸架

利用树枝

制作牌子

使用中

无人

套上塑料袋，以免湿了

一小段树枝

纸用完了可以用树叶替代

199

绳子的使用法①

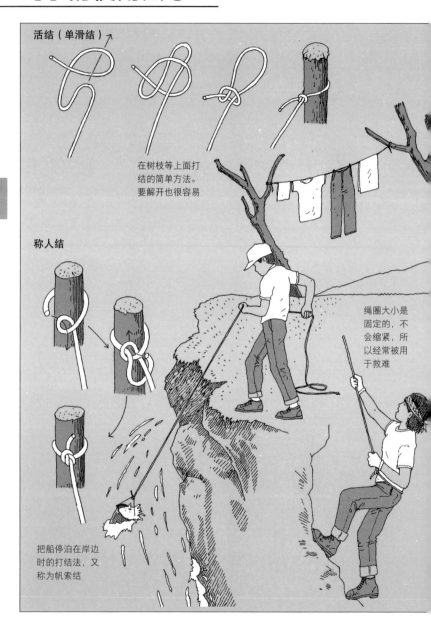

活结（单滑结）

在树枝等上面打结的简单方法。要解开也很容易

称人结

绳圈大小是固定的，不会缩紧，所以经常被用于救难

把船停泊在岸边时的打结法，又称为帆索结

露营时使用绳子的机会很多。准备好 10 米长的绳子，参考图中的方法练习，学会之后就可以准备出发了。

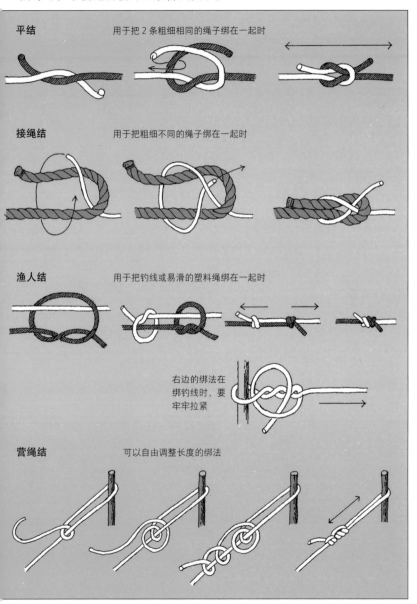

平结　用于把 2 条粗细相同的绳子绑在一起时

接绳结　用于把粗细不同的绳子绑在一起时

渔人结　用于把钓线或易滑的塑料绳绑在一起时

右边的绑法在绑钓线时，要牢牢拉紧

营绳结　可以自由调整长度的绑法

绳子的使用法②

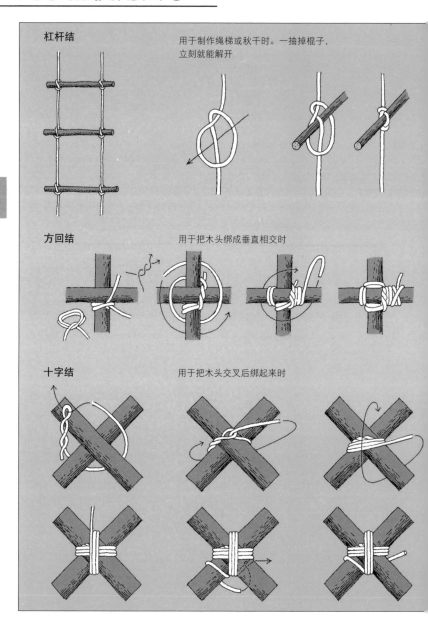

杠杆结

用于制作绳梯或秋千时。一抽掉棍子，立刻就能解开

方回结

用于把木头绑成垂直相交时

十字结

用于把木头交叉后绑起来时

使用绳子时，如果乱成一团就会很麻烦，所以要把它收得漂漂亮亮的，以便随时能使用。整理时也要检查有没有损坏的地方。

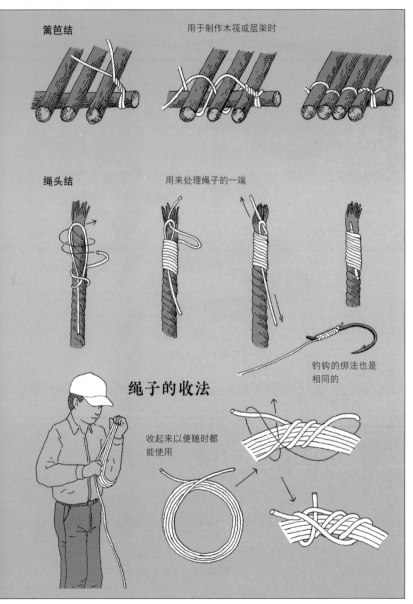

篱笆结　　　　用于制作木筏或层架时

绳头结　　　　用来处理绳子的一端

钓钩的绑法也是相同的

绳子的收法

收起来以便随时都能使用

生火

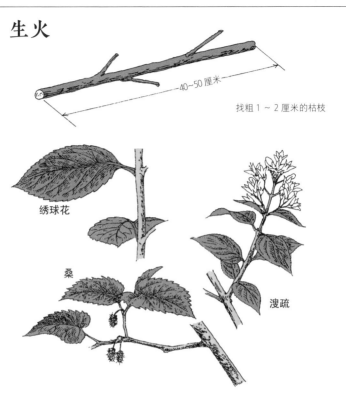

40~50 厘米

找粗 1 ~ 2 厘米的枯枝

绣球花

桑

溲疏

钻搓式

把树枝前端削细

习惯前手会很累，
但做了几次之后，
就会抓到诀窍

杉木或桧木的木板。
鱼糕板也可以

一个人的时候
就用脚压住

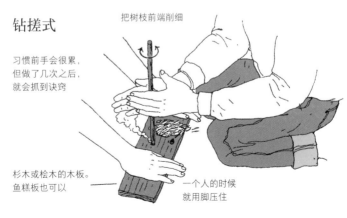

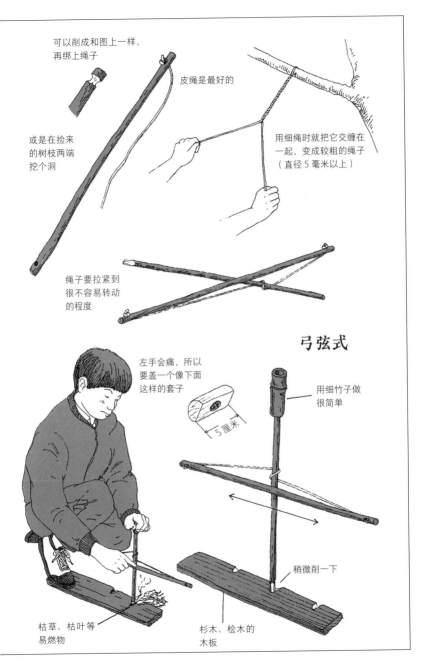

可以削成和图上一样，再绑上绳子

皮绳是最好的

或是在捡来的树枝两端挖个洞

用细绳时就把它交缠在一起，变成较粗的绳子（直径 5 毫米以上）

绳子要拉紧到很不容易转动的程度

弓弦式

左手会痛，所以要盖一个像下面这样的套子

5 厘米

用细竹子做很简单

稍微削一下

枯草、枯叶等易燃物

杉木、桧木的木板

取水

寻找涌泉

寻找湿润的岩石

在长了小草的地方挖挖看

从植物里取得

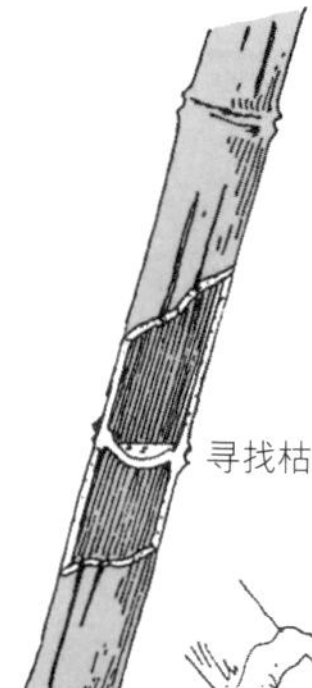

寻找枯竹

砍断它，收集蓄积在竹节中的水

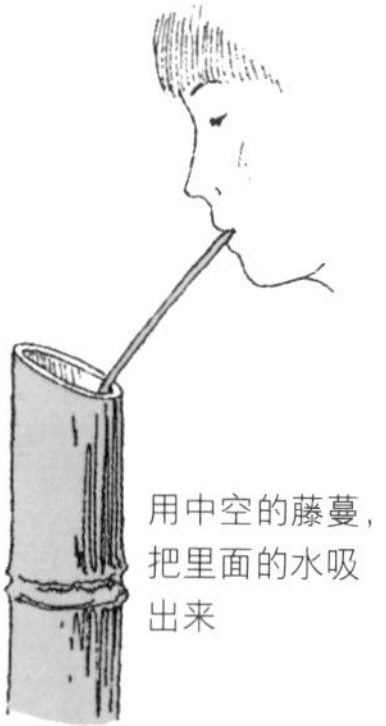

用中空的藤蔓，把里面的水吸出来

将落叶收集到塑料袋里，放在晒得到太阳的地方

会蓄积出水滴

早起去收集朝露

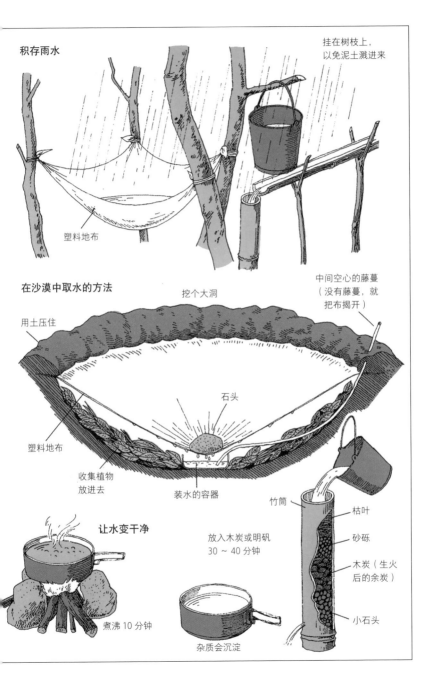

积存雨水

挂在树枝上，以免泥土溅进来

塑料地布

在沙漠中取水的方法

挖个大洞

中间空心的藤蔓（没有藤蔓，就把布揭开）

用土压住

石头

塑料地布

收集植物放进去

装水的容器

竹筒

枯叶

砂砾

木炭（生火后的余炭）

小石头

让水变干净

放入木炭或明矾30～40分钟

煮沸10分钟

杂质会沉淀

制作器具

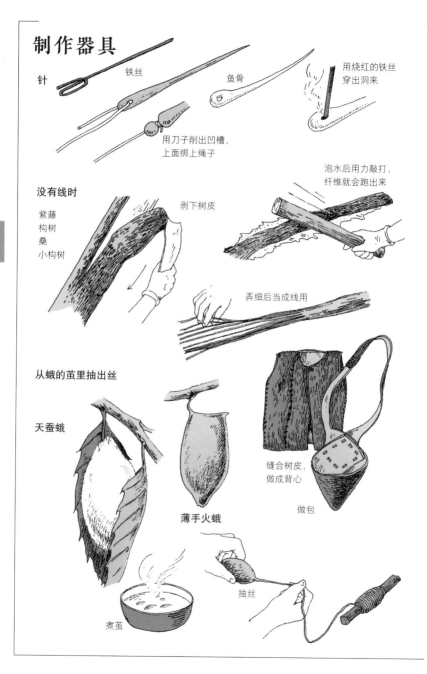

针

铁丝

鱼骨

用烧红的铁丝穿出洞来

用刀子削出凹槽，上面绑上绳子

没有线时

紫藤
构树
桑
小构树

剥下树皮

泡水后用力敲打，纤维就会跑出来

弄细后当成线用

从蛾的茧里抽出丝

天蚕蛾

薄手火蛾

缝合树皮，做成背心

做包

煮茧

抽丝

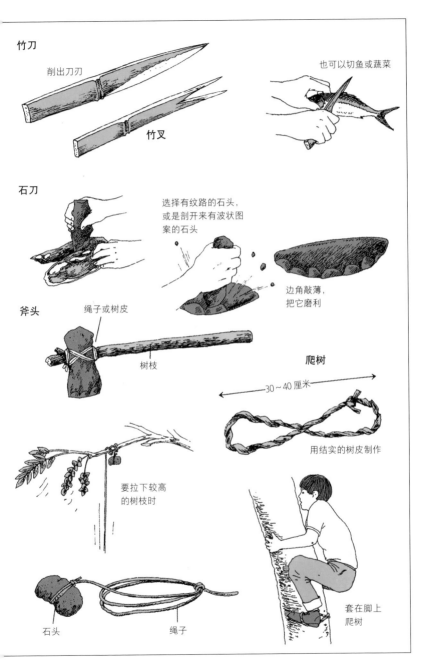

竹刀

削出刀刃

也可以切鱼或蔬菜

竹叉

石刀

选择有纹路的石头，或是剖开来有波状图案的石头

边角敲薄，把它磨利

斧头

绳子或树皮

树枝

爬树

30~40厘米

用结实的树皮制作

要拉下较高的树枝时

石头

绳子

套在脚上爬树

捕食昆虫或动物

螽斯和蟋蟀
都可以

佃煮蝗虫

砂糖

酱油

稍微烫过后，放在
太阳下晒干

去除脚和翅膀

在水中加入调味
料煮

蜻蜓或蝉除去
翅膀后，拿去
干煎或炸

蜻蜓

天牛的幼虫

锹形虫的幼虫

樱毛虫

干煎，或是串在
小树枝上烤着吃

独角仙的幼虫

蝉

天蚕蛾的幼虫

细黄胡蜂（地蜂）

把青蛙或鱼的肉末沾在棉花上，然后追踪把它带走的蜜蜂

取得蜂子

幼虫
生的也很好吃

找到巢后，用烟熏昏蜜蜂

罩上网子，避免被蜇

捕捉青蛙·蛇

剥皮后，烤或炒着吃

利用树杈抓住

绳子或铁丝做成套圈，用树枝或草让它圆圆地展开

捕捉野兽

野兔

★在日本，用绳子捕捉动物不需要许可证

211

捕鱼

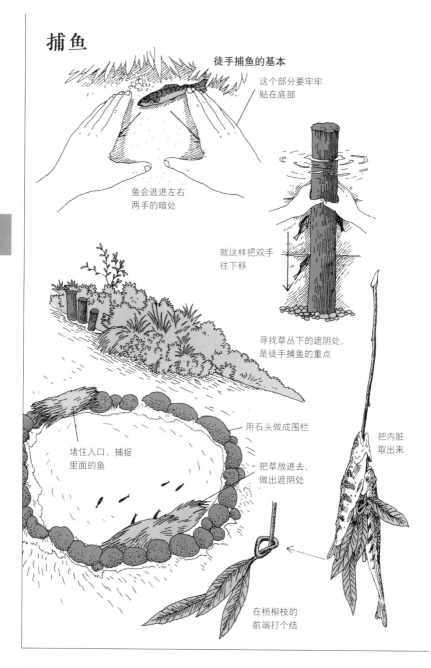

徒手捕鱼的基本

这个部分要牢牢贴在底部

鱼会逃进左右两手的暗处

就这样把双手往下移

寻找草丛下的遮阴处，是徒手捕鱼的重点

用石头做成围栏

堵住入口，捕捉里面的鱼

把草放进去，做出遮阴处

把内脏取出来

在杨柳枝的前端打个结

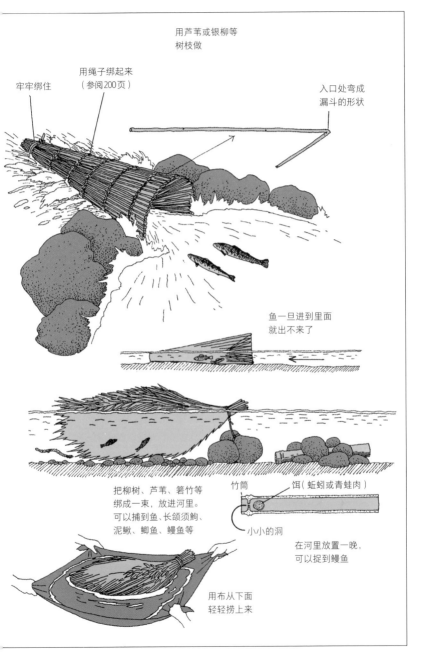

用芦苇或银柳等
树枝做

用绳子绑起来
（参阅200页）

牢牢绑住

入口处弯成
漏斗的形状

鱼一旦进到里面
就出不来了

把柳树、芦苇、箬竹等
绑成一束，放进河里。
可以捕到鱼、长颌须鮈、
泥鳅、鲫鱼、鳗鱼等

竹筒

饵（蚯蚓或青蛙肉）

小小的洞

在河里放置一晚，
可以捉到鳗鱼

用布从下面
轻轻捞上来

住在帐篷里的民族——贝都因人

对我们来说，帐篷是为了在野外过夜而住的，即使持续了1～2周的帐篷生活，总有一天也是会回家的。可是，却有人把帐篷当成住家，一整年都在帐篷里生活。住在阿拉伯半岛上，被称为贝都因人的游牧民族便是如此。

贝都因人的帐篷高度是1～1.5米，长度可达10米。把绵羊毛或山羊毛织成一块一块的毛毯，再缝合起来，便成为一大块可以当作屋顶的布了。贝都因人的工作就是放牧绵羊、山羊或骆驼等，一般人可能认为所谓的游牧民族，就是过着悠闲生活的人们，其实并不是那样。为了寻找可喂食动物的草地，男人们会离开帐篷数天去进行寻地之旅。在那段期间，女人们则忙着织布、制作奶酪或黄油，他们的主食是骆驼奶和用奶做成的奶酪，以及枣椰树的果实等。绵羊奶由于脂肪较多，所以会做成黄油，当有客人来访或有值得庆祝的事时，会制作黄油加上米饭或羊肉的餐点。

常年生活在异常干燥的沙漠地带里，夏天他们会把帐篷搭建在水井旁；但在植物变多的冬天里，全家人都会带着帐篷一起移动。对他们而言，便于迁移的帐篷生活，是在严酷的大自然中生存的一种手段。

制作游玩器具

用木头或竹子做餐具

找出合适的材料

试着动手做出筷子、汤匙、盘子等餐具吧。用自己做的餐具到野外用餐，一定会成为难忘的回忆。首先，从找出适当的树枝、木板开始做起，即使觉得形状不错，也不可以折断正在生长的树枝。地上应该会有被风吹断的树枝，以及为了让树木生长而被砍断的树枝，从那里面找出既不太粗（削起来很辛苦）、也不太细（做筷子时，太细就很难用）的树枝。如果能找到合适的材料，制作起来就会轻松许多。工具只要有足够锋利的刀子就行了（请参阅250页），削的时候小心别受伤了。

可以用火烧出凹槽来

削木头的时候，要边看着形状边削，削得太过头是没办法恢复原状，那又得重头做起了。在家里要刻出汤匙或盘子的凹槽时，用雕刻刀就行，但是到了野外，要用刀子削出凹槽是很困难的，这时候可以用火烧的方法。不容易点燃时，就用刀子在打算削除的部分做出倒刺，然后再点火，虽然无法做得像雕刻刀刻出来的那么漂亮，不过也足以使用了。制作的过程中，感觉就和古时候的人一样，非常有趣。

利用竹子会裂开的特性

劈竹子的时候，要先把刀刃砍入竹子里，再连刀带竹向上举高，然后往坚硬的地面上一敲，就能劈开了，这是利用竹子会垂直裂开的特性。很早以前，竹节做的竹筒，就被用来当作装水、装酒的器皿，因为竹子既坚固，又带有香味，可说是做餐具的最佳天然素材。除了杯子之外，竹子还可以做成许多其他的容器，试着花一点时间自己做做看吧。

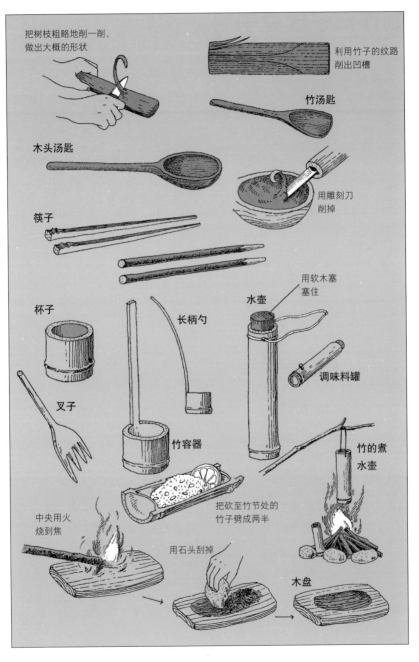

把树枝粗略地削一削，做出大概的形状

利用竹子的纹路削出凹槽

竹汤匙

木头汤匙

用雕刻刀削掉

筷子

杯子

长柄勺

用软木塞塞住

水壶

调味料罐

叉子

竹容器

竹的煮水壶

中央用火烧到焦

用石头刮掉

把砍至竹节处的竹子劈成两半

木盘

制作椅子或桌子

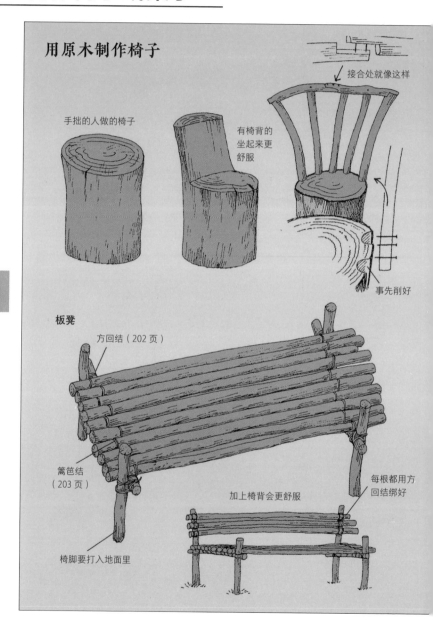

用原木制作椅子

接合处就像这样

手拙的人做的椅子

有椅背的坐起来更舒服

事先削好

板凳

方回结（202 页）

篱笆结（203 页）

加上椅背会更舒服

每根都用方回结绑好

椅脚要打入地面里

长时间露营时，做一些椅子或桌子，可以让我们过得更舒适。在能取得原木、木板的地方，大家同心协力，一起来做做看吧。

桌子

收集较细的木头，做出两个梯形

像漂流木一样弯曲的也可以

用螺丝或钉子固定

用钉子固定住板子

制作背架

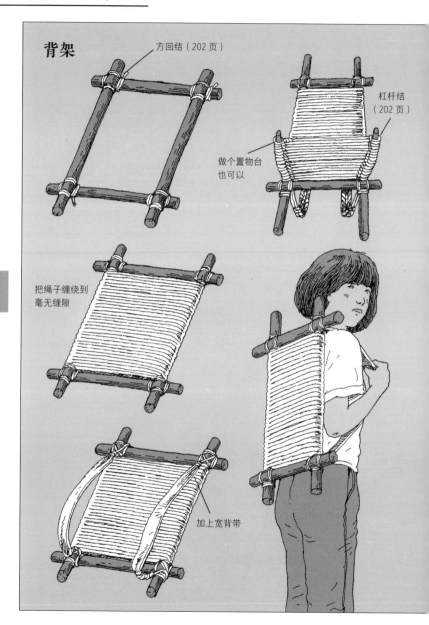

背架

方回结（202页）

杠杆结（202页）

做个置物台也可以

把绳子缠绕到毫无缝隙

加上宽背带

即使是因为太大、太长而放不进背包的东西，只要用背架就没问题了。试着配合自己的体型做做看吧。

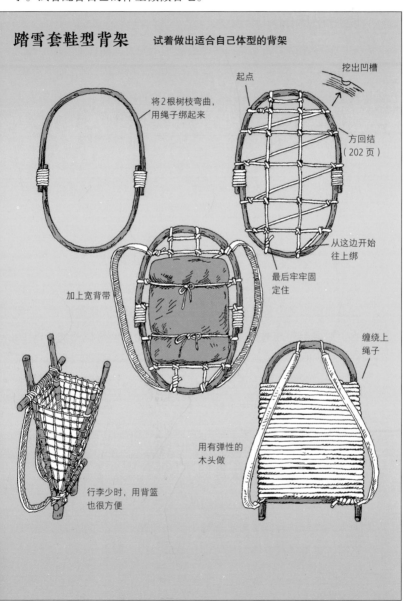

踏雪套鞋型背架 试着做出适合自己体型的背架

挖出凹槽

起点

将2根树枝弯曲，用绳子绑起来

方回结
（202页）

从这边开始往上绑

最后牢牢固定住

加上宽背带

缠绕上绳子

用有弹性的木头做

行李少时，用背篮也很方便

制作吊床

使用吊床的印第安人

居住在南美洲亚马孙河流域的印第安人，在日常生活中经常使用吊床。它既可以避开地面上的爬虫，也比直接睡在地上凉快，蚊子很多的时候，在吊床上挂一张蚊帐再睡就行了。在印第安人的家里，挂了家人们各自的吊床，当客人来访时，就再加挂客人数量的吊床，然后坐在吊床上一边摇，一边享受聊天的乐趣。摇摇晃晃的吊床，看起来好像无法令人安心的样子，实际上睡过之后，会发现没有比它更好睡的床了。请试着轻松悠闲地躺下来吧，微微的摇晃几下，很快就会带你进入梦乡。

只要有树可以挂，就会比帐篷还舒适

吊床有布制的和用绳子编成的。这里要介绍的布制吊床，做法很简单，又容易使用，只要准备好可以承载人体重量的牢固绳子，把绳子穿过帆布的两端，然后绑在坚固的树枝上就可以了。别忘了先躺下来试试看，再调整成适合你的高度吧。夏天，如果事先知道露营的地方有树可以挂吊床，就不用带帐篷。把塑料布像屋顶般地张开在吊床上面，然后绑在树上，那么即使下雨也不会有问题了。

在吊床上睡觉的诀窍

睡在吊床上是有一些诀窍的。首先坐到吊床上，接着把脚放上去，然后让身体呈对角线躺下来，如此一来，不但可以躺得直直的，也不会对身体的任何部位造成负担。如果觉得冷，就裹上毛毯睡吧。

把布边折进去缝起来

用涂过蜡的坚固缝线缝

留下绳子可以穿过的空间，往里面折进去缝起来

把牢固的绳子穿过去

诀窍是身体斜着躺

制作鞋子

好穿又耐用的莫卡辛鞋

无跟软皮的莫卡辛鞋，原是美国印第安人所穿的鞋，是指"一张皮"的意思。它原本的样式，是把脚放在鞣制过的皮革上，裁成可以包住脚的大小后，在脚踝处绑起来的形状。莫卡辛鞋不会把脚束缚住，穿起来很舒服，而且因为是皮制的，所以很坚固。制作时要准备软的皮革、粗的缝针、涂过蜡的线，也可以用人工皮革。在手工艺用品店，可以买到缝合皮革专用的针和线，如果使用普通的线，水就会从缝合处漏进去了。

画出正确的脚型

制作鞋子时，最重要的就是要准确地、仔细地画出脚型。先把脚踩在纸上，请家人或朋友们帮忙画出正确的脚型，过大或过小，穿起来都很不实用。取得右脚和左脚的纸样后，把它放在皮的内侧面，参考右图的步骤来做。针在穿过皮的时候和布不一样，要稍微用力一点，记得一针一针慢慢地缝合。尤其是在脚踝的地方，由于重叠的皮层比较厚，所以得更小心仔细地缝，这是整只鞋最难缝的部分。

装饰莫卡辛鞋

刚完成的莫卡辛鞋，样式简单朴实、不起眼，这时候，可以在鞋面缝上一些彩色的布块、串珠，当作装饰。接着，在脚踝的部分穿几个绳孔，然后用剩余的皮革剪成细绳做鞋带，再把皮绳穿过绳孔，这么一来，莫卡辛鞋就会变得更合脚了。虽然并不适合走在满布岩石的地方，但是在草地或平地上尽情奔跑时，请一定要穿穿看，这种与大地接触的感觉，可是会从脚底传达到全身。

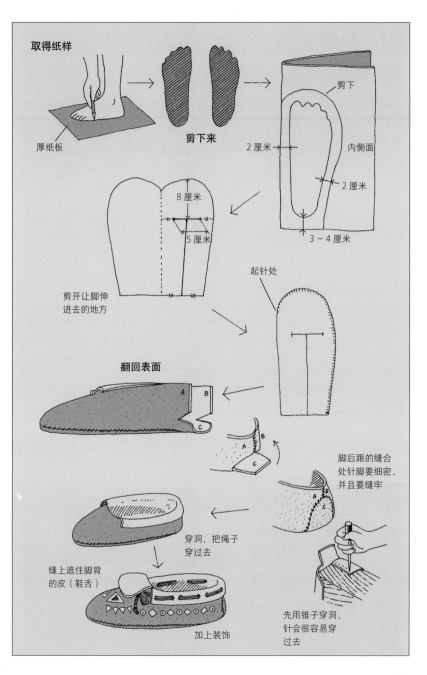

取得纸样

厚纸板

剪下来

剪下

2 厘米

内侧面

2 厘米

3 ~ 4 厘米

8 厘米

5 厘米

剪开让脚伸进去的地方

起针处

翻回表面

A B

C

脚后跟的缝合处针脚要细密，并且要缝牢

A B

C

穿洞，把绳子穿过去

缝上遮住脚背的皮（鞋舌）

加上装饰

先用锥子穿洞，针会很容易穿过去

225

制作草鞋

沿着溪边攀爬时的必备品

大家应该看过草鞋吧，在过去，日本人经常穿这种鞋子。因为它很合脚，而且轻盈得像是赤脚走路一样，如果被雨淋湿了，只要出太阳就能立刻晒干。利用这种特点，当我们沿着溪边攀爬时，只要穿上草鞋，就算走在河水冲湿的石头上，也不容易滑倒，被水浸湿的草鞋也不会变重。虽然平常生活中已经很少有人穿它，但在潮湿的地方可是很实用，所以要沿着溪边攀爬时，最好带双草鞋去比较好。因为它很轻，即使用不到，也不会造成负担。

制作草鞋很简单

做得好不好，得看技巧熟不熟练。不过，做一双草鞋，其实也不是那么困难的事，别怕失败，试着多做几次吧。把草绳牢牢地编得很扎实，就是制作的诀窍。只要学会制作草鞋，在野外如果鞋子坏掉或绳子不够用时，都可以用它应急。没有稻草，也可以利用植物的藤蔓，或是撕下衣物，把布条接成绳子来编也可以。一般人很难长时间赤着脚走路，何况，赤脚时要是受了伤可就麻烦了。作为求生的知识，也为了承接前人的智慧，制作草鞋是一门值得我们牢记的传统手艺之一。

脚趾头会痛的人

有的人一穿上草鞋，脚趾缝会因为摩擦而痛得无法走路，这种时候，先穿上袜子再穿草鞋就可以了。此外，在被绳子磨破皮的部位贴上创可贴也是很有效的。

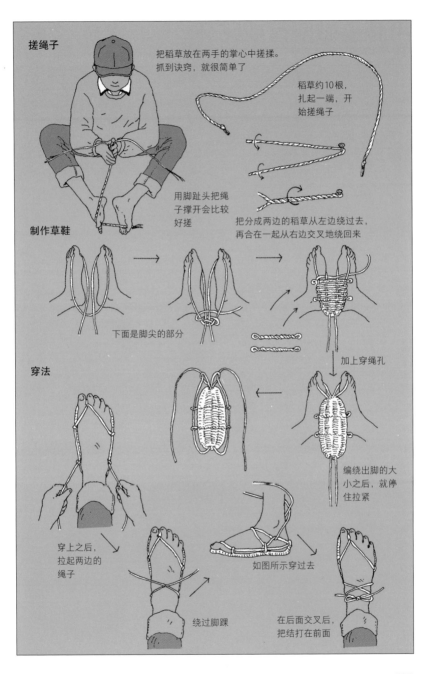

搓绳子

把稻草放在两手的掌心中搓揉。
抓到诀窍，就很简单了

稻草约10根，
扎起一端，开
始搓绳子

用脚趾头把绳
子撑开会比较
好搓

制作草鞋

把分成两边的稻草从左边绕过去，
再合在一起从右边交叉地绕回来

下面是脚尖的部分

加上穿绳孔

穿法

编绕出脚的大
小之后，就停
住拉紧

穿上之后，
拉起两边的
绳子

如图所示穿过去

绕过脚跟

在后面交叉后，
把结打在前面

227

用藤蔓做箩筐或花环

三叶木通

紫藤

木通

把藤蔓泡在水里，使它变软

制作箩筐

山葡萄

中途加进去

把筐边捆起来处理

节日的花环

制作花环

松树的叶子

把藤蔓缠绕成一个圈

在藤蔓之间插入绿叶

用红色和白色的纸折出纸鹤

藤蔓光靠蛮力是拔不下来的。用尽力气把它拉过来后，有时一不小心会因为手滑而被藤蔓的反弹力道拉回去而受伤，所以要很小心。

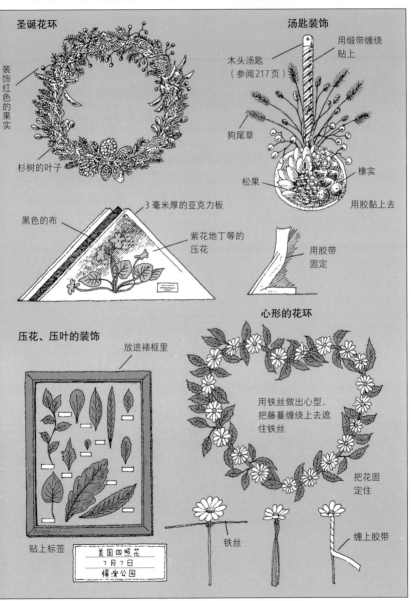

圣诞花环

装饰红色的果实

杉树的叶子

汤匙装饰

木头汤匙
（参阅217页）

用缎带缠绕贴上

狗尾草

松果

橡实

用胶黏上去

黑色的布

3毫米厚的亚克力板

紫花地丁等的压花

用胶带固定

压花、压叶的装饰

放进裱框里

心形的花环

用铁丝做出心型，把藤蔓缠绕上去遮住铁丝

把花固定住

贴上标签

美国四照花
7月7日
横滨公园

铁丝

缠上胶带

用漂流木做东西

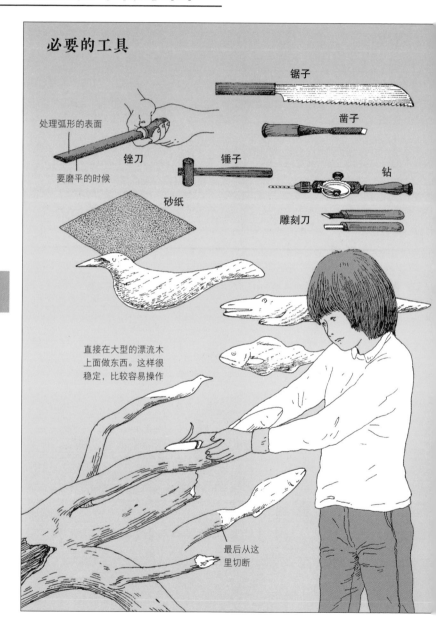

必要的工具

锯子

处理弧形的表面

锉刀

凿子

锤子

钻

要磨平的时候

砂纸

雕刻刀

直接在大型的漂流木
上面做东西。这样很
稳定，比较容易操作

最后从这
里切断

走在海岸或河岸边，偶尔会发现被水冲来的漂流木。当你找到形状奇特的漂流木时，不妨善用它的形状，加工成有趣或实用的东西吧。

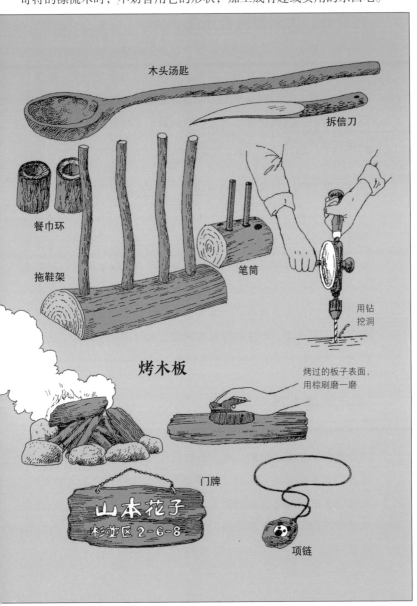

木头汤匙

拆信刀

餐巾环

拖鞋架

笔筒

用钻挖洞

烤木板

烤过的板子表面，用棕刷磨一磨

门牌

山本花子
杉立区 2-6-8

项链

吹响笛子或打鼓

在野外，大家都是音乐家

到了野外后，不知道为什么，经常不自觉地就哼起歌或吹起口哨来。大自然在眼前时，旋律会自动从体内涌现出来，如果和朋友在一起，就同声高唱吧，即使疲惫的身体也能唤回力量。既然到了野外，就抛下你的害羞，吹响笛子或打起鼓来，和朋友尽情地欢唱舞蹈吧。

只要是能发出声音的东西，什么都可以

首先，找出身边可以发出声音的东西。锅、盘子、空罐等都能发出较大的声音，木头则是低音。花点功夫自己动手做也很有趣。如果每个人都准备好自己的乐器，那么，就来听听它们的声音吧，有没有能演奏出旋律的东西呢？如果没有，找个人来唱歌也可以，然后大家就各自抓着节拍演奏吧。这种时候，即兴地唱着歌会比较有趣，即使和哪首歌很像也无所谓。今天走了路，工作过，大家都辛苦了，就玩个痛快吧！

草叶笛是大自然的乐器

把叶子斜着卷起来，压一压较细的那头，然后放到嘴边吹，这是草叶笛中最简单的一种。不妨用各种各样的叶子试试看，把几片箬竹或芦苇的长形叶子重叠在一起，就能卷出大大的喇叭。虎杖或溲疏的茎部也能做笛子，只要把箬竹或芦苇的叶子塞进切口里就可以了，是很简单的东西。叶子裂开就不会响了，所以要注意一下。

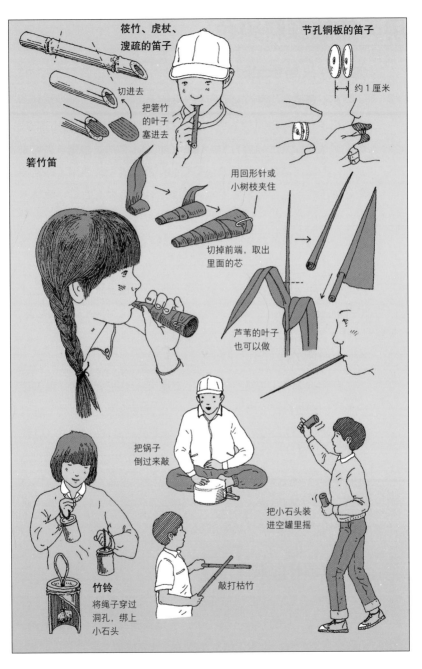

筱竹、虎杖、溲疏的笛子

节孔铜板的笛子

约1厘米

切进去

把箬竹的叶子塞进去

箬竹笛

用回形针或小树枝夹住

切掉前端，取出里面的芯

芦苇的叶子也可以做

把锅子倒过来敲

把小石头装进空罐里摇

竹铃

将绳子穿过洞孔，绑上小石头

敲打枯竹

233

用天然的颜料染色

做一件只属于自己的 T 恤吧

在山野里，如果被果实或草木的汁液染到手或沾到衣服却一直洗不掉，是不是很烦恼呢？这次我们就是要反过来利用这点，把 T 恤或手帕染上颜色看看。现在的衣物几乎都是用化学染料染成的，但以前都是把草、木、果实的汁液当成染料使用。即使同样是黄色或茶色，只要使用草木或果实汁液，就会有不一样的感觉，应该说是色调比较柔和吧。毛或丝绸等动物性的材质，可以直接染，但棉质的衣物就要先浸泡到稀释的牛奶里，吸收一些蛋白质，如此一来，颜色才会染均匀，着色效果也会比较好。要注意的是，如果用新的 T 恤，就要先洗过，完成去浆的动作后，才可以染。

浸泡明矾水，防止掉色

春天的艾草，初夏的紫藤叶，秋天栗子总苞上的刺、山黄栀的果实，这些都是容易取得的染料。山黄栀的果实晒干后，可以染出鲜艳的黄色，染法就如右图所示。重要的是在煮染过一次后，要浸泡到明矾水里，这个步骤叫作媒染，能使颜色充分被布吸收。省略掉媒染的过程，即使看起来好像染得很漂亮，洗过之后也会掉色。明矾水的做法，是把明矾用少量的热水溶解后，再倒入水就可以了。

文字或图样的描绘

用蜡笔（到手工艺用品店买染色专用的）画就很简单了。在底下铺报纸，T 恤里面也垫一层包装纸或报纸，然后用蜡笔画。画好之后上面放一块布，用熨斗烫过，就完成了。

棉质材料在染之前，要先浸泡在稀释一倍的牛奶（或豆浆）里，约30分钟

挂到衣架上好好晾干

可当染料的东西

艾草的叶子　　栗子总苞上的刺

山黄栀的果实

使用过的就可以了

咖啡粉　　　红茶

把染料放进锅里煮

15～20分钟

用筛子过滤（有粉状物就铺上纱布）

水桶

把T恤放进过滤后的染料液里煮

约20分钟

浸泡在明矾水里约30分钟

1件T恤（约100克）用5克的明矾

再煮20分钟左右，用水仔细洗过，拿去晾干

用棍棒搅拌

235

用一块布做衣服

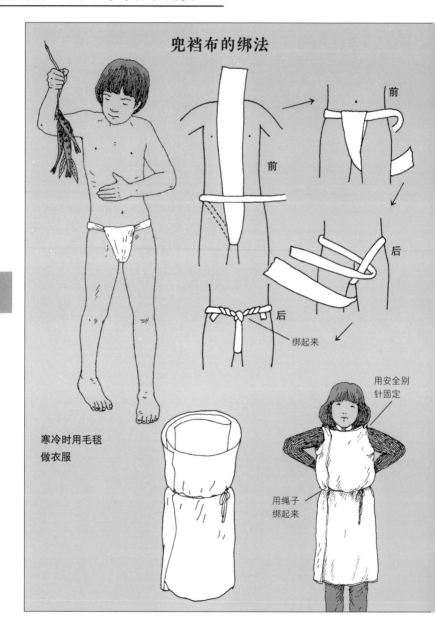

兜裆布的绑法

前

前

后

绑起来

后

寒冷时用毛毯
做衣服

用安全别
针固定

用绳子
绑起来

很简单就能做出来的是夏季洋装。在悠闲时刻，穿一件宽松的裙衫最舒适了。卷一卷放在行李里，应该会用得上的。

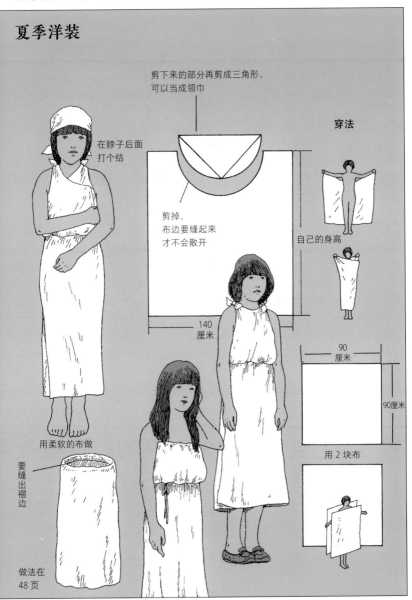

夏季洋装

剪下来的部分再剪成三角形，可以当成领巾

穿法

在脖子后面打个结

剪掉，布边要缝起来才不会散开

自己的身高

140厘米

90厘米

90厘米

用柔软的布做

要缝出褶边

用2块布

做法在48页

237

飞到空中去

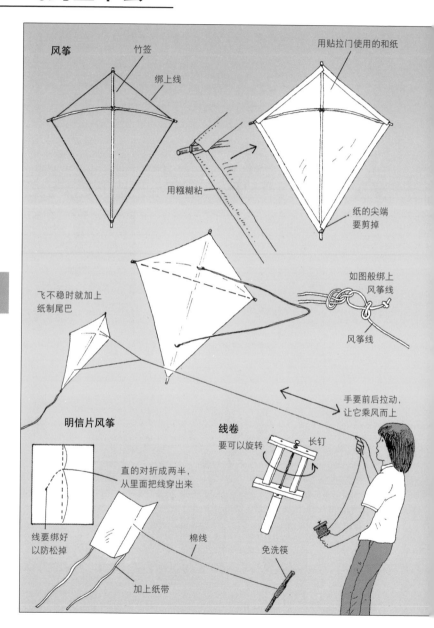

风筝

竹签

绑上线

用贴拉门使用的和纸

用糨糊粘

纸的尖端
要剪掉

飞不稳时就加上
纸制尾巴

如图般绑上
风筝线

风筝线

手要前后拉动，
让它乘风而上

明信片风筝

线卷
要可以旋转

长钉

直的对折成两半，
从里面把线穿出来

线要绑好
以防松掉

棉线

免洗筷

加上纸带

尽情地把风筝、纸飞机等飞向天空吧。回力镖在不熟练时，可能会飞到意想不到的方向去，所以要在没有人的地方玩。

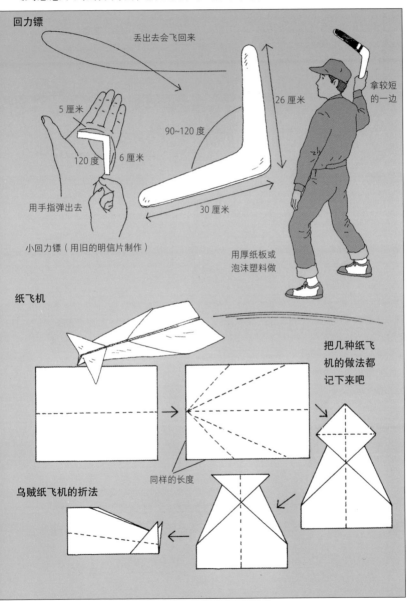

回力镖

丢出去会飞回来

5 厘米

120 度

6 厘米

用手指弹出去

小回力镖（用旧的明信片制作）

26 厘米

90~120 度

30 厘米

拿较短的一边

用厚纸板或泡沫塑料做

纸飞机

把几种纸飞机的做法都记下来吧

同样的长度

乌贼纸飞机的折法

花草游戏①

花环

白三叶草
紫云英等

发饰

把花密密地绑在一起，
就会很漂亮

耳环

戒指

蒲公英的手环

夏威夷花环

用针把线
穿过去

把茎撕开
打个结

杜鹃

紫茉莉

手指也好、手腕也好、头也好，全都用花来装饰看看吧，会摇身一变成为童话故事中的公主。还可以戴上刺的鼻子、胡子、帽子，来个大变身。

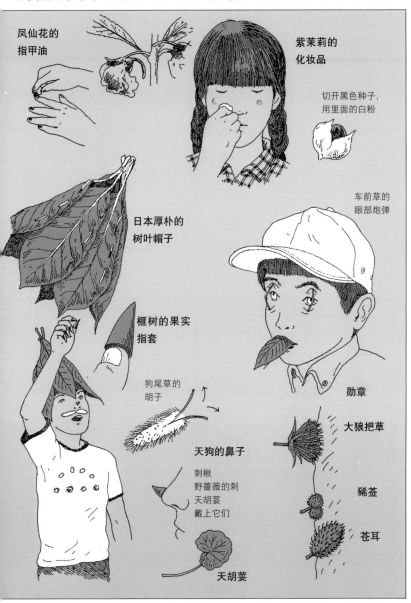

凤仙花的指甲油

紫茉莉的化妆品

切开黑色种子，用里面的白粉

日本厚朴的树叶帽子

车前草的眼部炮弹

榧树的果实指套

狗尾草的胡子

勋章

大狼把草

天狗的鼻子

刺楸
野蔷薇的刺
天胡荽
戴上它们

豨莶

苍耳

天胡荽

花草游戏②

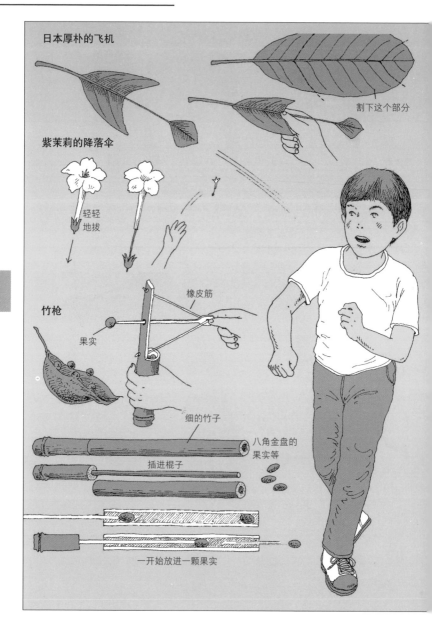

日本厚朴的飞机

割下这个部分

紫茉莉的降落伞

轻轻地拔

竹枪

橡皮筋

果实

细的竹子

八角金盘的果实等

插进棍子

一开始放进一颗果实

242

能够飞得多远？谁比较强？谁比较快？一场竞赛就要开始。像个运动员般，即使输也要输得堂堂正正，然后再挑战一次吧。

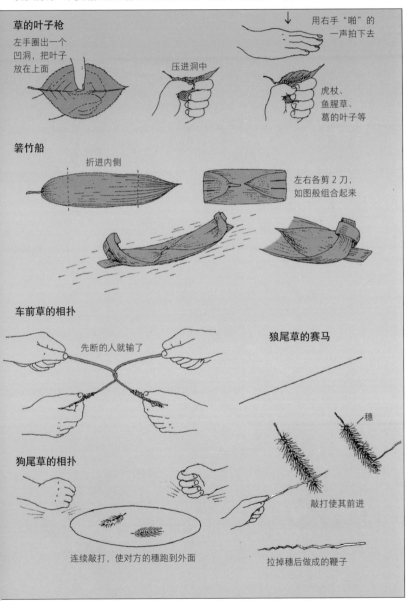

草的叶子枪

左手圈出一个凹洞，把叶子放在上面

压进洞中

用右手"啪"的一声拍下去

虎杖、鱼腥草、葛的叶子等

箬竹船

折进内侧

左右各剪2刀，如图般组合起来

车前草的相扑

先断的人就输了

狼尾草的赛马

穗

敲打使其前进

拉掉穗后做成的鞭子

狗尾草的相扑

连续敲打，使对方的穗跑到外面

下雪天的游戏

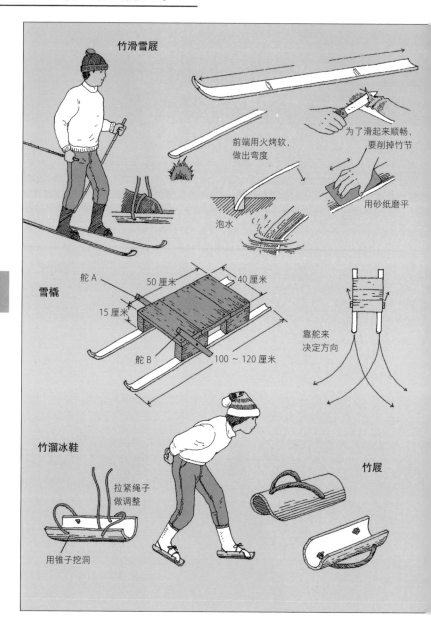

竹滑雪屐

前端用火烤软，做出弯度

泡水

为了滑起来顺畅，要削掉竹节

用砂纸磨平

雪橇

舵 A

50 厘米

40 厘米

15 厘米

舵 B

100 ~ 120 厘米

靠舵来决定方向

竹溜冰鞋

拉紧绳子做调整

用锥子挖洞

竹屐

在雪地玩，别忘了戴上可以遮住耳朵的帽子、手套、长靴。玩耍后会流汗，要赶快回家换衣服。

雪屋

收集雪然后堆高

做好之后浇上水，让它结冻

开一个口，把里面的雪挖出

蛋黄＋牛奶＋砂糖

用力搅拌

冰激凌

盐　雪

雪人

变大后，就用脚去滚动

打雪仗

不可以在雪里放石头

晴天的游戏

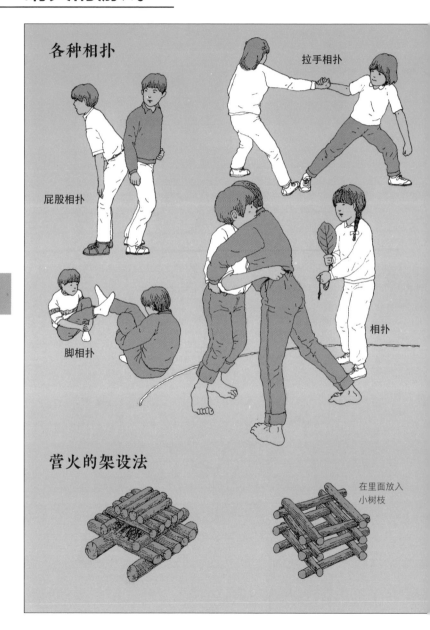

各种相扑

拉手相扑

屁股相扑

脚相扑

相扑

营火的架设法

在里面放入
小树枝

在相扑大赛里，卖力地挥洒汗水吧。定向越野是借助地图和指北针，比赛谁能在最短时间内找到指定地点的运动。没有指北针也一样很好玩。

定向越野赛

① 队长把蜡笔藏在 20 ~ 30 分钟可步行抵达的距离里，并且画一张该地的插画地图

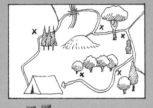

没有蜡笔时，就用树枝、小石头等在地面上写出数字。寻找的人要把找到的数字记在自己的地图里，报告出所有的数字加在一起的总和。最后一个人别忘了要把地面上的数字擦掉

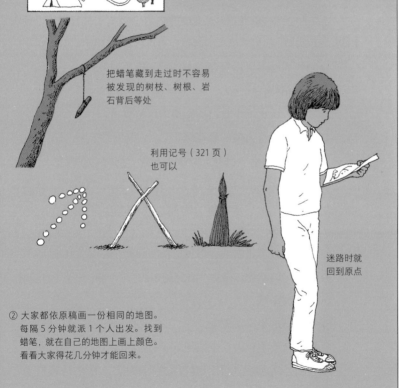

把蜡笔藏到走过时不容易被发现的树枝、树根、岩石背后等处

利用记号（321 页）也可以

迷路时就回到原点

② 大家都依原稿画一份相同的地图。每隔 5 分钟就派 1 个人出发。找到蜡笔，就在自己的地图上画上颜色。看看大家得花几分钟才能回来。

雨天打发时间的方法

缝补衣物

雨总是会停的，与其无精打采的，还不如找找看在帐篷内有什么事可以做。把穿的衣服、带的东西全部检查一下，为之后的行动做好准备也不错。扣子有没有掉？衣物有没有破损的地方？背包里如果没有整理好，就趁机重新整理一遍吧。一边吃点心一边这么打发时间也很有趣。

雨天的游戏

只要有一个喜欢相声或短剧的朋友在，就有可能让雨天变得很愉快。什么点子都想不出来的时候，也可以参考下面所举出的例子。

① 制作天晴后可以翱翔空中的纸飞机（239 页）。

② 手指相扑，比腕力。

③ 每个人说出一个自己所知道的可怕故事。

④ 利用绳子玩大型的翻花绳。

⑤ "奇怪的故事"游戏。每个人配合"何时，在哪里，是谁，做了什么"的条件去造句，例如，A 说"何时"，B 就说"在哪里"，C 接着说"是谁"，像这样子接下去后，就能编出异想天开的故事了。

⑥ 虽然这并不是游戏，但可以撰写田野笔记（300 页）。

④ 作诗。以动物、植物、看到的东西、听到的声音等为题材。

⑧ 创作改编歌。

⑨ 拿捡到的果实玩游戏。

⑩ 用树枝或木板做筷子或汤匙（217 页）。

⑪ 只要不是倾盆大雨，就可以穿上雨衣，在帐篷附近走一走，观察一下自然环境（274 页）。

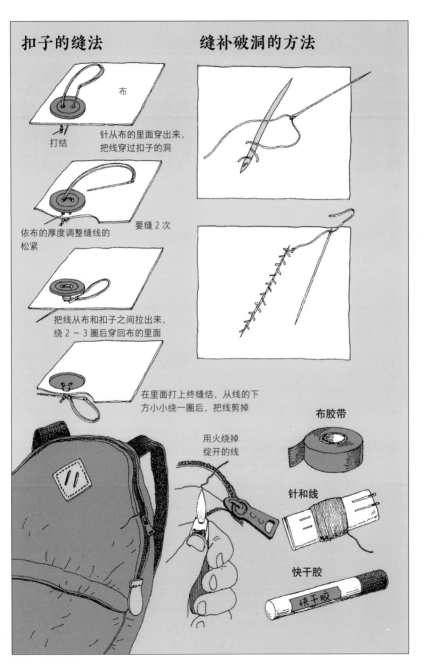

扣子的缝法

布

打结

针从布的里面穿出来，把线穿过扣子的洞

依布的厚度调整缝线的松紧

要缝2次

把线从布和扣子之间拉出来，绕2～3圈后穿回布的里面

在里面打上终缝结，从线的下方小小绕一圈后，把线剪掉

缝补破洞的方法

用火烧掉绽开的线

布胶带

针和线

快干胶

快干胶

刀子的使用法

① 削

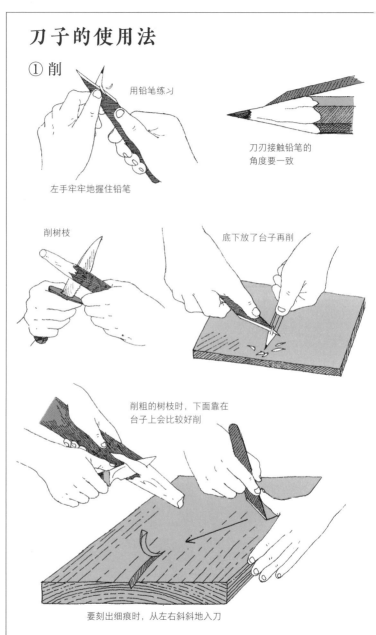

用铅笔练习

左手牢牢地握住铅笔

刀刃接触铅笔的
角度要一致

削树枝

底下放了台子再削

削粗的树枝时，下面靠在
台子上会比较好削

要刻出细痕时，从左右斜斜地入刀

250

② 剥

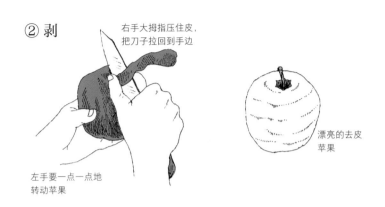

右手大拇指压住皮，把刀子拉回到手边

左手要一点一点地转动苹果

漂亮的去皮苹果

在野外使用的刀子

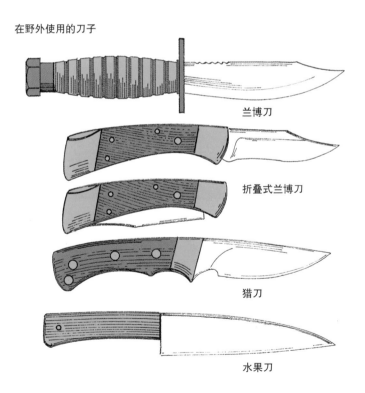

兰博刀

折叠式兰博刀

猎刀

水果刀

刀子的开法

刀子的收法

瑞士刀的使用法

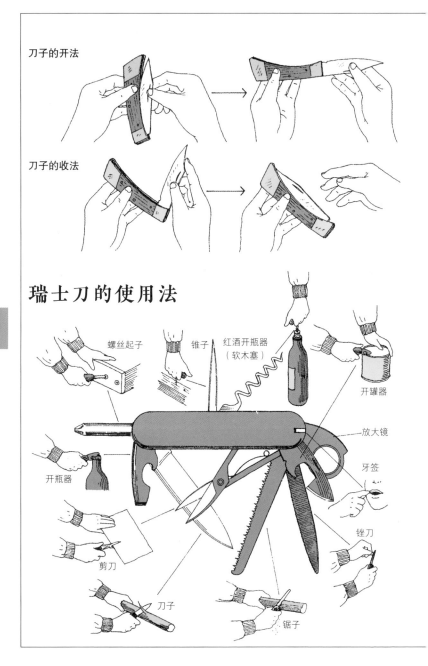

螺丝起子

锥子

红酒开瓶器
（软木塞）

开罐器

放大镜

开瓶器

牙签

剪刀

锉刀

刀子

锯子

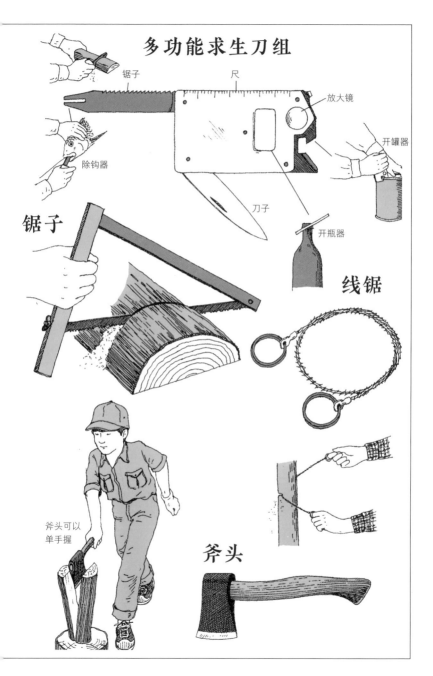

多功能求生刀组

锯子

尺

放大镜

除钩器

开罐器

刀子

开瓶器

锯子

线锯

斧头

斧头可以
单手握

刀子的磨法

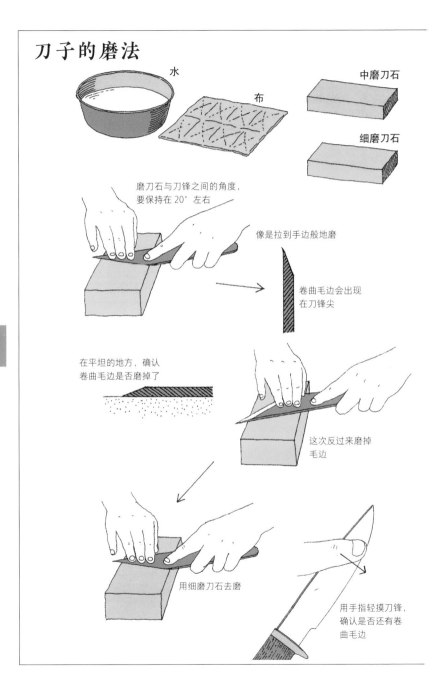

水

布

中磨刀石

细磨刀石

磨刀石与刀锋之间的角度，要保持在 20°左右

像是拉到手边般地磨

卷曲毛边会出现在刀锋尖

在平坦的地方，确认卷曲毛边是否磨掉了

这次反过来磨掉毛边

用细磨刀石去磨

用手指轻摸刀锋，确认是否还有卷曲毛边

别采取危险的使用法

刀锋不要向着身体

不要把手放在刀锋的前进方向

手肘不要撑开，要靠在身体的旁边

周围有人的地方，不要从刀鞘里拔出刀

不要拿着刀子嬉闹

别把刀尖向着对方交出去

泡着温泉说"真是好汤啊！"

露营了几天后，如果能在山里发现一池温泉，真会有一种"这里是天堂"的感觉。温泉可以为我们洗尽全身的汗水与疲劳，如果是大自然环绕的露天温泉，那可就更棒了。

很幸运，日本是个温泉国家，涌出温泉的地方就有将近2万处，温泉地也有2000多个。前往山中前，先调查看看附近有没有温泉吧。设计一个在山里步行后顺道去洗温泉的行程，也是很有趣的。从各地的情况来看，有的城镇或乡村会设立公共的温泉浴场，进去泡不但简单，而且很便宜，还可以和当地人闲话家常。深山里的温泉，有很多地方即使不留宿也都能使用温泉。在日本的温泉中，有些有是神话传说，有些则是看到猴子或鹿等动物在治疗伤口时发现的，试着问出关于当地温泉的故事吧。

话说回来，在日本，最高处的温泉在哪里呢？答案是位于富山县、海拔2300米的地狱谷温泉，北阿尔卑斯山的立山就在那里。此外，最高的露天温泉地，则是在北阿尔卑斯山上、海拔2280米的高天原温泉。长野县也有一个与地狱谷同名的温泉，这个露天温泉海拔虽然很低，却因野猴子会跑进去泡温泉而闻名。

与动物、植物的接触

很方便的观察工具

穿上能融入自然中的衣服去观察

到野外应有的穿着，本书在前面就已经介绍过了，这里要说明的，则是在观察动物、植物时特别需要的用具，希望大家选出符合目的的物品，然后把它带去。在野外遇到生物，是件非常快乐的事，像是找到从没见过的花，看到松鼠从眼前奔过，在树上发现猴子的身影之类的。至于鸟或昆虫，更是任何人应该都能碰到的才对。不过，所有的野生动物都很敏感，对于每天都得面对生死危机的野生动物来说，侵入到自己住处附近的人类，是非常恐怖的。为了不吓到它们，我们的衣服也要避开原色，请选择与大自然相融的颜色。

采集植物或昆虫，要适可而止

观察的基本，就是活用我们人类身体的五感：用眼睛看、用耳朵听、用鼻子闻、用手触摸，以及用舌头品尝。这些感觉都是越用越发达，如果不使用，会变得迟钝以至于退化。住在非洲沙漠的民族，用听力就能辨别出从远方数公里外走过来的动物脚步声；住在亚马孙河的印第安人，可以用箭射中浑浊河水中的鱼，这都是因为他们的五种感官经过了十足的训练。所以，请先用自己拥有的能力观察，再去寻求其他工具的协助吧。一开始先画张速写，借由画画就能知道自己看得清不清楚，如此一来，即使碰到不知名的物种，也可以等回去之后参考图画再做调查。采集植物或昆虫时，一定要适可而止，假使大家都认为植物或昆虫的繁殖力强，不会因为人类的采集就消失，那么事态就非常严重了，不但有导致物种灭绝的可能，也会造成自然生态的破坏。所以，尽量避免无益的采集吧。

观察昆虫或植物时

观察鸟类时

放大镜

三角纸

捕虫网

塑料袋

绳子

橡皮筋

望远镜

硬纸板　用来收集足迹

石膏

相机

大型手电筒

背包

笔记用具

地图

工作手套

急救用品

雨衣

雨伞

259

仔细观察一棵树

树，会营造出周遭的环境

在附近地区，如果有高大的树种，如栎树或栲树，希望大家去看看。它们在秋天也不会落叶，伸展的树枝上长满了茂密的叶子，会使树下显得有点阴暗。较矮的树种会在附近稀稀疏疏地生长着，至于根部附近的潮湿处，还长了蕨类或兰科的同类吧，这里经常可以发现蝴蝶的身影。接着看看杂木林的树吧。在麻栎或枹栎的周围，生长着各式各样的灌木，蝴蝶与甲虫的数量也很多。像这样，树木在种类、大小、树枝的伸展方式等方面特有的个性，会为周遭环境创造出独特的样态，昆虫则会本能地选择树木所营造出来的环境去居住。

记录一棵树

在自然环境中，树木的作用非常重要，所以，砍树会使周遭的环境完全改变，昆虫会失去栖所，以昆虫为食的鸟类，也会移居到别的场所。树木要生长，至少得花上20～30年，在这段时间内，环境是无法恢复成原貌。树木对野生生物们的意义，就跟家对我们的意义是一样的，所以，说得严重一点，砍树就像是在剥夺生物们的住处了。为了更了解树木，首先让我们试着为一棵树做记录吧。在笔记本或卡片上写下①名称；②生长的场所；③树的高度（目测就行了）；④树形的特征；⑤叶子的形状与颜色；⑥树皮的特征；⑦树干粗细；⑧树龄（附近有同样粗细的残株时，可以数年轮）。用右边的方法记录，再贴上实物的标本，就会一目了然了。树木的记录，是自然观察的基础。

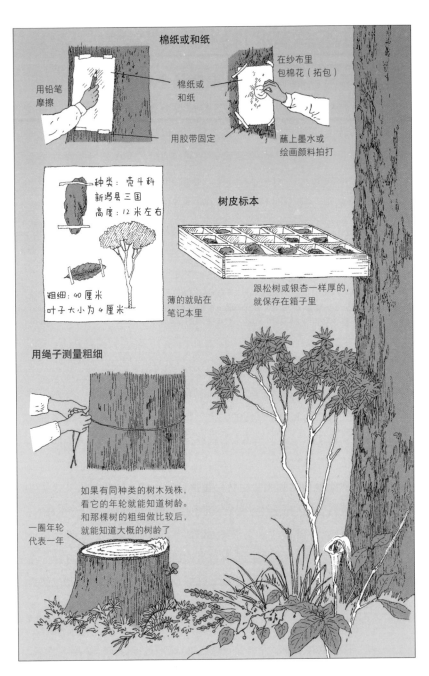

棉纸或和纸

用铅笔摩擦

棉纸或和纸

用胶带固定

在纱布里包棉花（拓包）

蘸上墨水或绘画颜料拍打

种类：壳斗科
新潟县三国
高度：12米左右

粗细：40厘米
叶子大小为4厘米

薄的就贴在笔记本里

树皮标本

跟松树或银杏一样厚的，就保存在箱子里

用绳子测量粗细

如果有同种类的树木残株，看它的年轮就能知道树龄。和那棵树的粗细做比较后，就能知道大概的树龄了

一圈年轮代表一年

261

了解日本森林的特征

山越高、越往北走，温度就会越低

　　虽然有人说人类的开发让绿地减少，但在气候温暖、雨量也多的日本，国土有 60% 都是森林，可以算是森林之国。在南北距离很长的日本，从北端到南端的距离约为 2500 公里；在高度方面，最高的富士山是 3776 米，垂直去看就有从海拔 0 米到 3776 米的差距。爬山时每往上爬 100 米，气温就会降低 0.6 摄氏度，而在同样的高度里，越往北气温就会越低。往上垂直爬 300 米，与往北水平移动 200 公里的温度变化，结果是一样的。也就是说，在富士山 3000 米处的气温，和往北出游 2000 公里时是一样的，所以用 0.6（摄氏度）× 3000/100（米）＝ 18（摄氏度）的公式计算，可以知道温度变低了 18 摄氏度。

依据气温形成森林带

　　森林会依据气温生长出不同的种类，调查后发现，分布的情形刚好可以画成像带状般的区块。在暖带里，生长着全年叶子都是绿色的栲树、栎树之类的常绿阔叶树。覆盖在它们叶子表面的角质层（从含有蜡的物质中形成）很厚，而且由于叶子会反射光线而发光，所以也被称为照叶树林。在这种森林里，日照不佳又昏暗潮湿，所以先民们会砍掉树林，以开辟出居住的空间。如今在日本，这种树林已经很少了。至于在温带地区，则生长着在寒冷期间会掉叶子的落叶林，而常绿阔叶林被人砍掉后，也会生长出落叶林。在关东地区一带，就形成了枹栎、麻栎等的树林，这些树林都被称为杂木林。从温带再移到亚寒带，就变成是叶子很小、前端尖尖的常绿针叶林了。而往更高、更冷的地方去，则变成和落叶树的岳桦一样矮的树林，这里要是到了 2600 米的高度，就会只剩下草了。

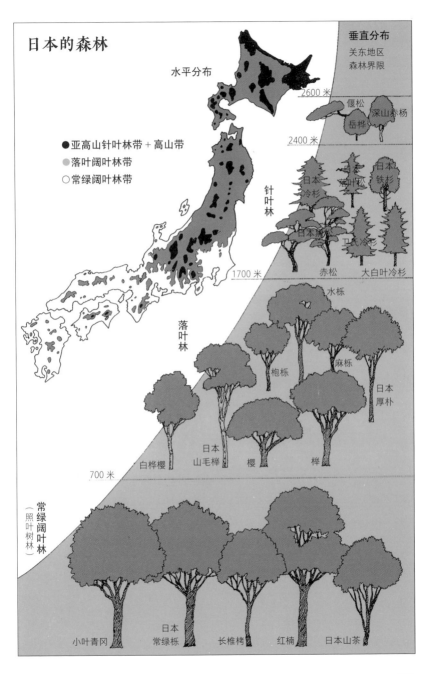

日本的森林

水平分布

●亚高山针叶林带＋高山带
●落叶阔叶林带
○常绿阔叶林带

垂直分布
关东地区
森林界限

2600 米

偃松
岳桦
深山赤杨

2400 米

日本冷杉
日本鱼鳞冷杉
日本铁杉
卫氏冷杉

针叶林

赤松
大白叶冷杉

1700 米

落叶林

水栎
炮栎
麻栎
日本厚朴

白桦樱
日本山毛榉
樱
榉

700 米

常绿阔叶林
（照叶树林）

小叶青冈
日本常绿栎
长椎栲
红楠
日本山茶

263

去附近的绿地逛逛吧

大螳螂

瓢虫

七星瓢虫

红小灰蝶

黄脚泥壶蜂

中华剑角蝗

沙泥蜂

视线慢慢地扫过地面上、草丛间、树叶里、花的周围，看到了哪些昆虫呢？在 1 平方米的范围里，你能找到多少种昆虫？也试着找找卵或幼虫吧。

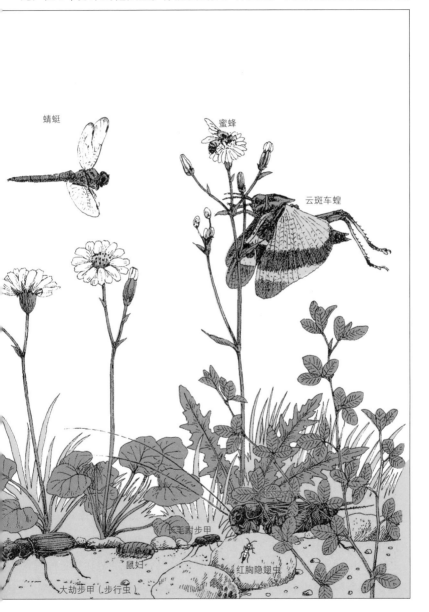

蜻蜓

蜜蜂

云斑车蝗

长毛距步甲

鼠妇

红胸隐翅虫

大劫步甲（步行虫）

因为很近，就用一整年来观察吧

找棵树做记录

观察自然的乐趣，便是在新的场所接触到从来没有看过的生物，或者是即使很熟悉的东西，当它随着季节和时间而产生巨大变化时，所带给人们的惊奇。就像我们在学校会对朋友说"你今天看起来很开心，有什么好事吗？"或"你脸色不太好"是一样的，对待自然要是没有怀着亲近的心情去注意它，就很难察觉那些微妙的变化。请在能经常去的绿地里，试着做自然观察。首先，找棵自己喜爱的树吧，然后每个月至少去看那棵树一次，把树木的外形画下来，观察叶子长什么样子，有没有昆虫在，有没有鸟叫声。然后，在树木最有生气的新绿时候，4～5月里，改成每周去看一次，记录下新叶的生长情形吧。

花草的一日变化也很有趣

植物在夜里会有什么变化？这只有在离绿地很近时才能观察得到。花会闭合起来吗？相反，有没有晚上才开的花呢？叶子也要注意一下，像合欢之类的叶子，看起来就像是完全合起来似的。不只是晚上而已，即使在白天，只要仔细瞧，就会发现在向阳处与背阴处，叶子的闭合方式也会有所不同。植物对太阳的照射、气温的变化，都会产生敏感的反应，而就在这一瞬间，总会让人再次体认到，它们和我们一样是活着的。试着把花草的1日变化，配合着速写一起记录下来吧。1日的变化，花朵何时开放、何时凋谢，树木全年里的变化，把这些内容依季节的顺序整理出来，就完成了最基本且珍贵的自然观察记录。当然，关键是要持续不断地记录下去，而这点也是最困难的，所以找一处比较近的观察场所是很重要的。

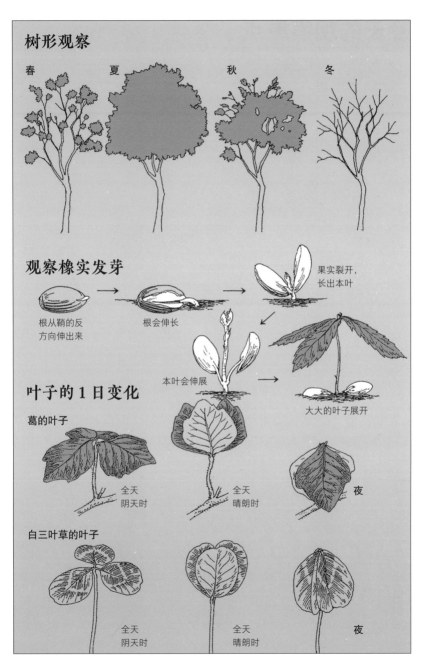

树形观察

春 夏 秋 冬

观察橡实发芽

根从鞘的反
方向伸出来

根会伸长

果实裂开,
长出本叶

本叶会伸展

大大的叶子展开

叶子的 1 日变化

葛的叶子

全天
阴天时

全天
晴朗时

夜

白三叶草的叶子

全天
阴天时

全天
晴朗时

夜

冬天的观察重点

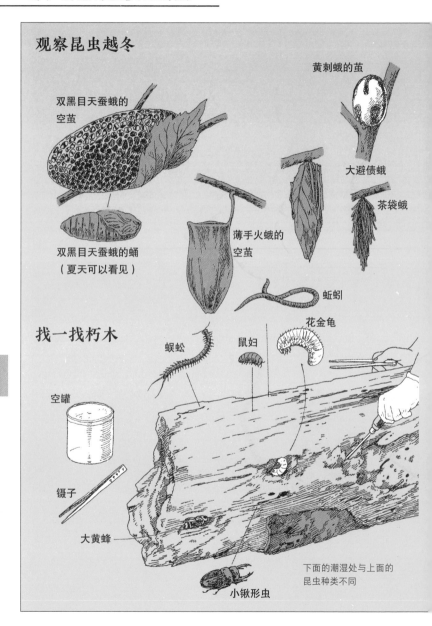

观察昆虫越冬

黄刺蛾的茧

双黑目天蚕蛾的空茧

大避债蛾

茶袋蛾

双黑目天蚕蛾的蛹
（夏天可以看见）

薄手火蛾的空茧

蚯蚓

花金龟

找一找朽木

蜈蚣

鼠妇

空罐

镊子

大黄蜂

小锹形虫

下面的潮湿处与上面的昆虫种类不同

落叶树会掉叶子的冬天，是能清楚看出树木形状的季节。这时候被叶子遮蔽住的鸟巢、昆虫越冬的姿态，都能够很容易看见，所以去找找看吧。

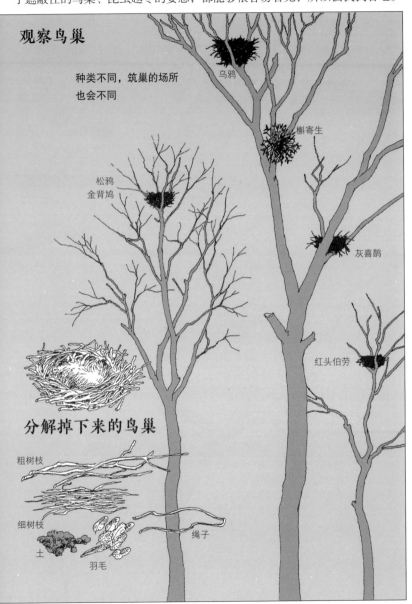

观察鸟巢

种类不同，筑巢的场所
也会不同

乌鸦

槲寄生

松鸦
金背鸠

灰喜鹊

红头伯劳

分解掉下来的鸟巢

粗树枝

细树枝

土

羽毛

绳子

冬天常见的鸟类

小星头
啄木鸟

白颊山雀

粟耳短脚鹎

灰椋鸟

灰喜鹊

红头伯劳

冬天能清楚地看见鸟类姿态。它们躲在树叶里的时候变少了，由于缺少了饵食，所以也会飞到人类住处的附近。试着找出这些鸟吧。

红头伯劳的猎物

蟋蟀

用热水溶解鸟粪

把鸟粪水倒在卫生纸上

用放大镜看残留下来的东西

捡起羽毛后，用酒精洗一洗

放在纸上晾干

放进塑料袋里保存

制作标本

为了更近距离地观赏野鸟

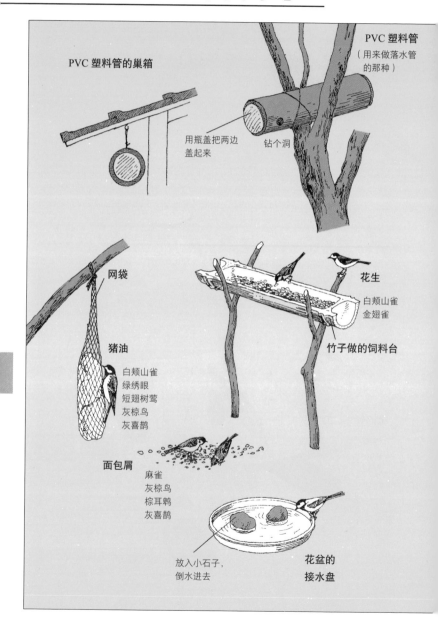

PVC 塑料管的巢箱

PVC 塑料管
（用来做落水管的那种）

用瓶盖把两边盖起来

钻个洞

网袋

花生

白颊山雀
金翅雀

猪油

白颊山雀
绿绣眼
短翅树莺
灰椋鸟
灰喜鹊

竹子做的饲料台

面包屑

麻雀
灰椋鸟
棕耳鹎
灰喜鹊

放入小石子，倒水进去

花盆的接水盘

经常亲近家附近的鸟，到野外时就能迅速观察出鸟类的特征、飞翔方式。准备好饲料、供水区、巢箱，试着唤来鸟类吧。

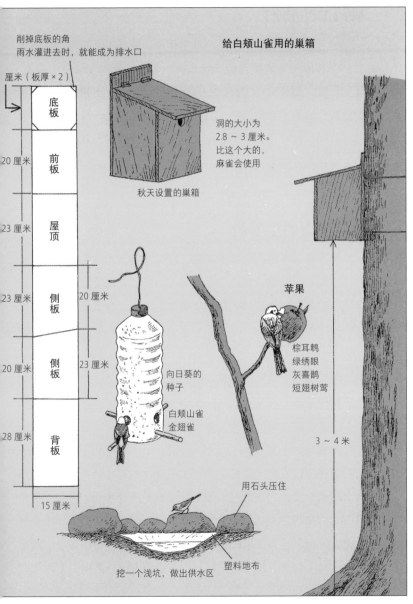

削掉底板的角
雨水灌进去时，就能成为排水口

厘米（板厚×2）

底板

20厘米 前板

23厘米 屋顶

23厘米 侧板

20厘米 侧板

28厘米 背板

15厘米

20厘米

23厘米

给白颊山雀用的巢箱

洞的大小为
2.8～3厘米。
比这个大的，
麻雀会使用

秋天设置的巢箱

向日葵的
种子

白颊山雀
金翅雀

苹果

棕耳鹎
绿绣眼
灰喜鹊
短翅树莺

3～4米

用石头压住

塑料地布

挖一个浅坑，做出供水区

在雨天走走路吧

躲雨的生物们

一旦下雨，我们就会立刻拿出雨伞，躲到不会被淋湿的地方去，但其他的生物都在做些什么呢？鸟？昆虫？不妨穿上雨衣、套上长靴，到外面走走吧。在屋檐下、树枝间，有没有看见鸟的身影呢？既然有躲雨的鸟，自然也就会有停在电线杆上，等待着雨淋的鸟。树叶里面也要仔细看一下，应该能看见正在躲雨的昆虫。如果发现蜘蛛网，就在附近的树上仔细找一找，看看蜘蛛躲在哪里。

喜欢下雨的生物们

并不是所有的生物都怕雨淋，也有等到下雨才会爬出来的生物，如蜗牛、蛞蝓、青蛙、水蛭等，如果是在河流沿岸，还会有汉氏泽蟹等。记住最初是在哪里发现它们的，然后试着追踪一下它们要往哪里去。

雨停时是观察的机会

相较于步行在视线不佳的雨中，雨停之后可说是绝佳的观察机会。活跃在雨中的生物，会采取怎样的行动、有没有东西从树叶里爬出来，不妨仔细去观察看看吧。雨水冲掉了沙尘和污垢，树叶绿得闪闪发亮，而足以和这些翠绿树木相比的，就是在雨停时会显得很美丽的蜘蛛网，细细的网子上挂着水滴，在阳光的照射下，闪亮得令人眩目。即使看起来都一样的蜘蛛网，仔细观察后便会发现，其实不同的蜘蛛种类，织出来的蛛网模样也有所不同，这时不妨把它画下来，或是用右边的方法，做出一张蜘蛛网的标本吧。

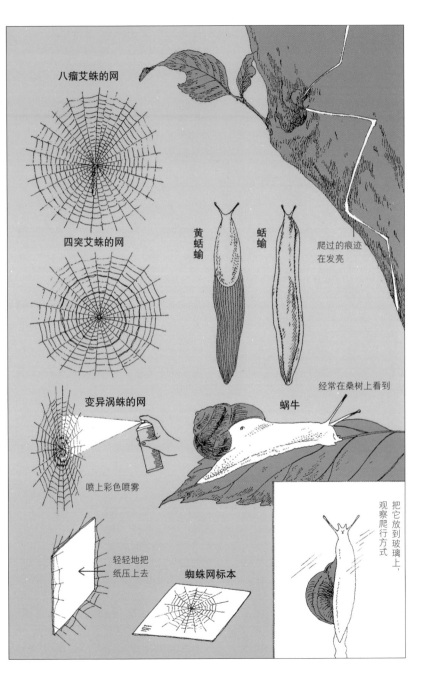

八瘤艾蛛的网

四突艾蛛的网

黄蛞蝓

蛞蝓

爬过的痕迹在发亮

变异涡蛛的网

蜗牛

经常在桑树上看到

喷上彩色喷雾

轻轻地把纸压上去

蜘蛛网标本

把它放到玻璃上，观察爬行方式

275

去森林里吧

吉丁虫

黄色胡蜂

小三线蝶

隐线蛱蝶

白纹凤蝶

小脉蛱蝶

大紫蛱蝶（雌）

大紫蛱蝶（雄）

犀天牛

白斑阔花金龟

了解昆虫种类的同时，知道它会待在哪里、周遭环境是什么样子，也是很重要的。是晒得到太阳的地方？还是阴暗的角落？把这些也记录下来吧。

角金龟

油蝉

乌鸦凤蝶

无霸勾蜓

呜蝉

北艳灰蝶

来收集落叶吧

为什么叶子到了秋天就会掉落呢

那是为了抵御即将到来的寒冬。叶子会借由从根部吸收的水分及空气中的二氧化碳，与阳光的力量相结合，制造出葡萄糖。但是，冬天根部要从寒冷干燥的土里把水分吸上来，并不是那么容易，加上太阳照射的时间变短了，靠叶子进行的光合作用便会变慢。这时从树枝将水分传送到树叶不但很辛苦，水分还会逐渐从叶面蒸发掉。所以让叶子掉落，是为了保住树木的生命。

常绿树也会掉叶

常绿阔叶树的叶子很厚，覆盖在表面的角质层也会发挥防水的功用，可以防止水分的蒸发。而常绿针叶树的情况也是如此，它借由缩小叶子的表面积，并且覆盖了像蜡一样的物质，使自己只要用少量的水分就能维持生命。那么，常绿阔叶树或常绿针叶树，是不是一辈子都不会掉叶呢？并非如此。在一整年里，老了的叶子还是会掉的。

制作叶子的标本

试着收集落叶树、常绿树的叶子吧，它们在形状、厚度、叶脉的方向都各有不同。把叶子放在较硬的台面上，盖一张纸在上面再用铅笔刷描，就能拓出鲜明的叶脉形状，这个方法很简单，在野外也能做。另外，在叶子上直接涂颜料也可以，尽可能选择和实际相近的颜色比较好，颜料涂得浓厚一点，能比较清晰显现出叶子的模样。把用这些方法拓下来或做成压叶的东西，都贴到笔记本上，写上名称、捡到的日期、地点等，就可以做成标本。

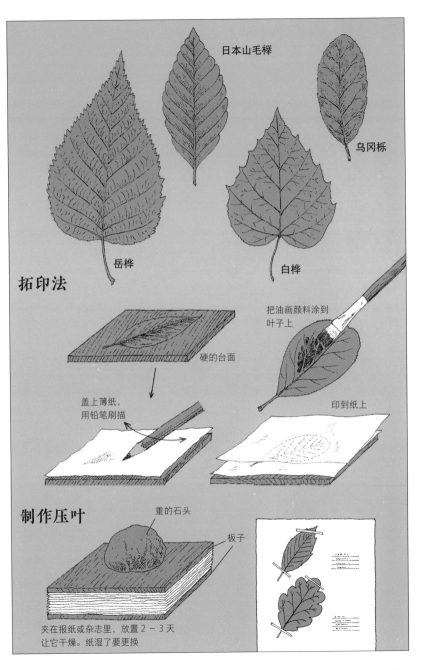

日本山毛榉

乌冈栎

岳桦

白桦

拓印法

硬的台面

把油画颜料涂到叶子上

盖上薄纸，用铅笔刷描

印到纸上

制作压叶

重的石头

板子

夹在报纸或杂志里，放置 2～3 天让它干燥。纸湿了要更换

找寻果实

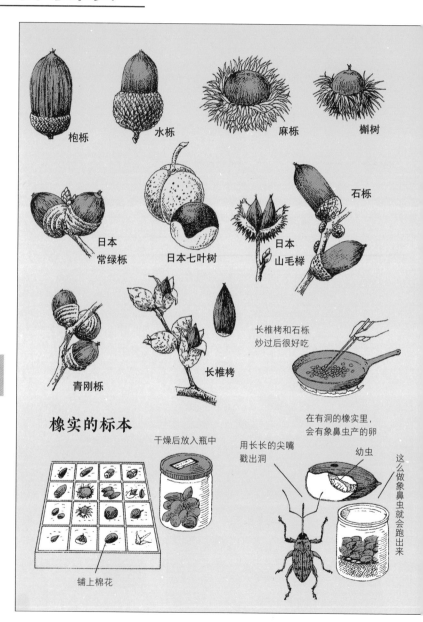

枹栎

水栎

麻栎

槲树

日本常绿栎

日本七叶树

日本山毛榉

石栎

青刚栎

长椎栲

长椎栲和石栎炒过后很好吃

橡实的标本

干燥后放入瓶中

铺上棉花

在有洞的橡实里，会有象鼻虫产的卵

用长长的尖嘴戳出洞

幼虫

这么做象鼻虫就会跑出来

在秋天的树林里，可以捡到橡实或松果等树木的果实。根据树木种类的不同，果实的形状也会略微不同。画张速写，或是捡回去做标本吧。

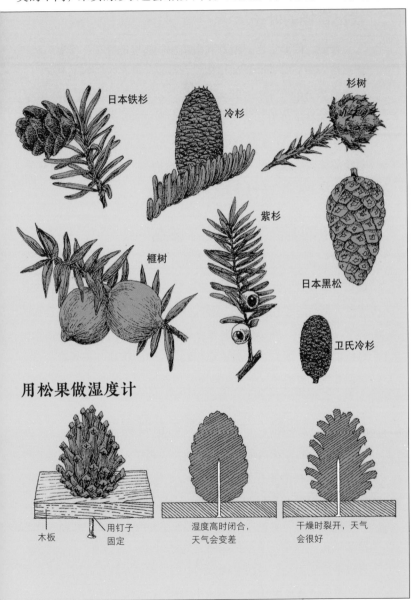

日本铁杉

冷杉

杉树

紫杉

榧树

日本黑松

卫氏冷杉

用松果做湿度计

木板

用钉子固定

湿度高时闭合，天气会变差

干燥时裂开，天气会很好

不可思议的昆虫窝巢

找出奇怪的叶子

首先，四处走走，留意和眼睛相同高度的叶子，接着，稍微抬头望一望，看看同样的场所，有没有一些长得奇怪的叶子，就好像被撕开的叶子、长出瘿瘤的叶子，或是浮出白线的叶子等。这些，都是昆虫为了繁衍下一代所做的窝巢。在叶子里产卵可以瞒过外敌的耳目，而从卵中出生的幼虫，还可以边吃叶子边长大。对植物来说，这简直是在替它们制造麻烦，但是从春天到夏天，的确有许多昆虫会在叶子上产卵。

在昆虫的刺激下，长出了瘿瘤

像是画了白线的痕迹，那是潜叶蛾或韭潜蝇的幼虫进食的残迹，仔细看看，会发现线的粗细并不一样，那就是幼虫正在逐渐长大的证据。制造出瘿瘤的是瘿蜂、瘿蚋、蚜虫等，这些昆虫会在叶脉或芽上产卵，卵孵化的时候会刺激到植物的组织，使其膨胀出奇怪的形状，所以被称为虫瘿。取下一个虫瘿切开来看看，会在里面找到幼虫或蛹，把这些幼虫放到夏天，大概就会羽化成虫了。

从春天到初夏，一起来观察卷叶象鼻虫吧

在把植物叶子当成窝巢的昆虫中，最了不起的建筑家就是卷叶象鼻虫。在嫩叶开始长大的 5 ~ 6 月，它会裁切柔软的叶子，把它从下面往上卷起来。一开始它先把卵产在叶子里，接着像是把卵包起来似的紧紧卷上去，最后它会把卷好的叶子切断，让它掉落地面。包在叶子里的卵被混在落叶中，不会遇上什么危险，可以平安地成长。在杂木林里，它们大多住在麻栎或枪栎的叶子上，不妨试着找找看吧。

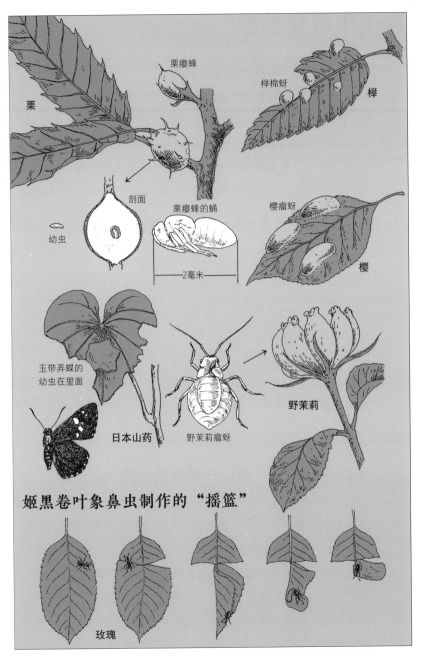

栗

栗瘿蜂

榉棉蚜

榉

剖面

幼虫

栗瘿蜂的蛹

2毫米

樱瘤蚜

樱

玉带弄蝶的
幼虫在里面

日本山药

野茉莉瘤蚜

野茉莉

姬黑卷叶象鼻虫制作的"摇篮"

玫瑰

在山里寻找野菇

菇类是森林的清道夫

地面上，存在着落叶或动物尸体等各式各样的东西，如果放着不管，地表将会被这些垃圾淹没，而住在土中的微生物、霉、菇类会分解这些东西，使它们化为尘土，换句话说，菇类就是森林的清道夫。我们所看见的菇蕈，在植物里来说是果实的部分，它包含了用来繁殖的孢子部分，在土中会进行分解活动，以便扩展菌丝的范围。

树木不同，生长出来的菇类也会不同

泥土上、落叶上、残株、倒下的树等，菇蕈类在各种场所都会生长。它们的种类繁多，光是有名字的就有将近1500种。即使拿着蕈类图鉴在山里走，一般也不见得会找得出对应的名称。不过，什么树上会长什么种类的菇蕈是一定的。比如说，在日本落叶松林里可以找到很多的厚环乳牛肝菌，但在赤松或黑松林里却找不到。要调查菇类就先调查当地所生长的树木，这也是一种方法。

吃的事情先丢一边，仔细来观察吧

要辨识菇蕈的种类是很困难的，图鉴的照片或插画，只能当作参考用的标准而已，因为只看长得很像就摘来吃是很危险的。最好跟着专家一起去采野菇，请对方教你用手触摸、闻味道等辨识的重点，然后把它记下来。右边所举出来的，都是在较低的山里能找到的菇类。秋天来临时，记得到附近的山上找找看，一定能遇见各种各样的野菇。发现314~317页里的毒菇时，一定要特别小心。

山毛榉·水枥林

滑菇

舞菇

厚环乳牛肝菌

多汁乳菇

鲍鱼菇

麻栎·枹栎林

金褐伞

金针菇

木耳

槲树·栗树林

旱田或草地

荷叶菇

紫丁香蘑

牛排菇

半圆田头菇

半卵形斑褶菇

找寻足迹

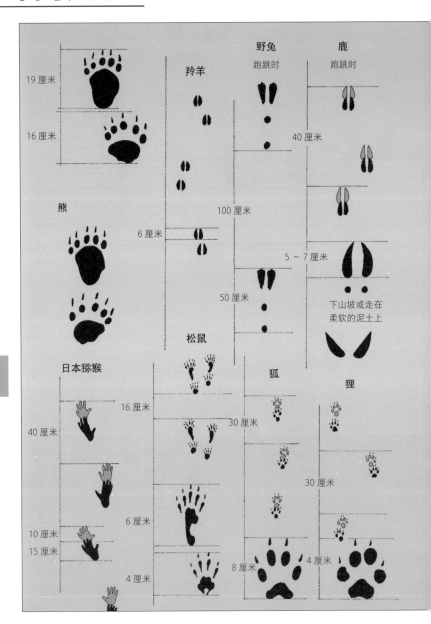

19 厘米
16 厘米
熊

日本猕猴
40 厘米
10 厘米
15 厘米

羚羊
6 厘米

松鼠
16 厘米
6 厘米
4 厘米

野兔
跑跳时
40 厘米
100 厘米
50 厘米

鹿
跑跳时
5 ~ 7 厘米
下山坡或走在
柔软的泥土上

狐
30 厘米
8 厘米

狸
30 厘米
4 厘米

在退潮的泥滩上、河岸、水田附近，都可以看到鸟类的足迹，测量出大小，并把它们画下来。野兽的足迹则是冬天印在雪地上的比较容易观察。

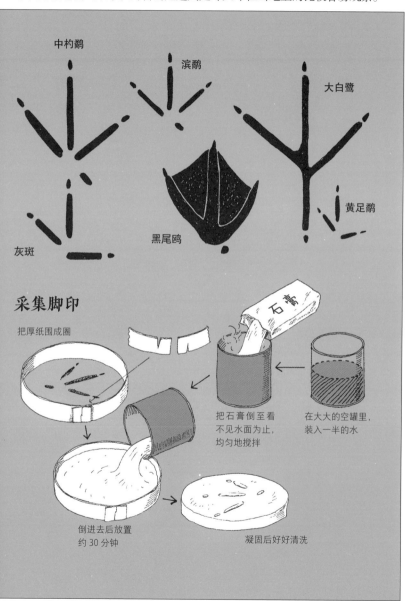

中杓鹬

滨鹬

大白鹭

黄足鹬

灰斑

黑尾鸥

采集脚印

把厚纸围成圈

把石膏倒至看不见水面为止，均匀地搅拌

在大大的空罐里，装入一半的水

倒进去后放置约30分钟

凝固后好好清洗

寻找动物的粪便及觅食痕迹

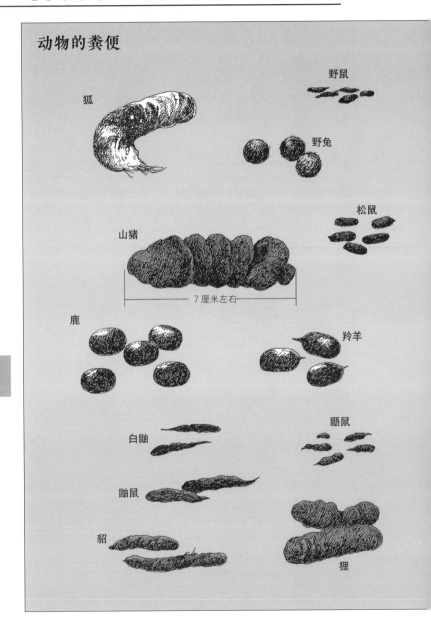

动物的粪便

野鼠

狐

野兔

松鼠

山猪

7厘米左右

鹿

羚羊

鼯鼠

白鼬

鼬鼠

貂

狸

野生动物里有许多都是夜行性的，所以很难在白天看见，但我们可以从粪便里得知它们的活动情形。把在什么地方、发现了多少都记录下来吧。

从粪便中调查吃过的食物

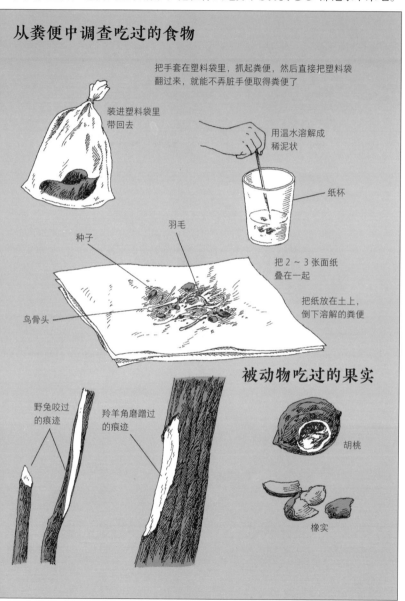

把手套在塑料袋里，抓起粪便，然后直接把塑料袋翻过来，就能不弄脏手便取得粪便了

装进塑料袋里带回去

用温水溶解成稀泥状

纸杯

羽毛

种子

把2～3张面纸叠在一起

鸟骨头

把纸放在土上，倒下溶解的粪便

被动物吃过的果实

野兔咬过的痕迹

羚羊角磨蹭过的痕迹

胡桃

橡实

森林中常见的鸟类

小星头啄木鸟

大斑啄木鸟

日本绿啄木鸟

短翅树莺

褐头山雀

煤山雀

松鸦

银喉长尾山雀

看到鸟的时候，要先注意它的大小（与作为标准的鸟相比）、颜色、站立的姿势。简单速写下来，回去之后要查名字时，就能派上用场了。

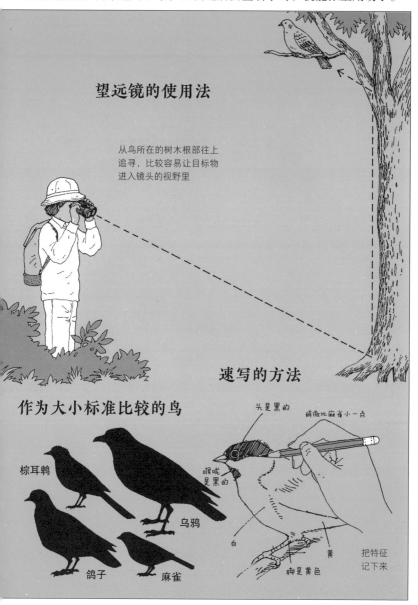

望远镜的使用法

从鸟所在的树木根部往上追寻，比较容易让目标物进入镜头的视野里

速写的方法

作为大小标准比较的鸟

棕耳鹎

乌鸦

鸽子

麻雀

头是黑的

稍微比麻雀小一点

喉咙是黑的

白

黄

脚是黄色

把特征记下来

高山上常见的鸟类与植物

白腰雨燕

金雕

岩鹨

岩镜

越橘

稚儿车

荷色牡丹

爬上海拔 2500 米以上的高山，就看得到偃松之类的灌木，以及特有的高山植物。7 ~ 8 月常见的鸟，冬天时大部分的鸟都会迁移到较低的山或南方去。

极北柳莺

雷鸟

星鸦

偃松

河边常见的鸟类

黑鸢

金翅雀

金翅雀

大苇莺

红冠水鸡

绿头鸭

（雌）

（雄）

小水鸭（雄）

鸳鸯

泽凫（雄）

即使是在同一个地点，不同季节看到的鸟类也会不同。野鸭是在秋天飞来日本的冬鸟。颜色醒目的是雄的，颜色朴素的是雌的。

夏

翠鸟

小白鹭

草鹀

小䴙䴘

冬

赤膀鸭

小水鸭（雌）

尖尾鸭（雄）

琵嘴鸭（雄）

海边常见的鸟类

小燕鸥

蓝矶鸫

白鹡鸰

灰斑鸻

翻石鹬

蒙古鸻

星虫

竹蛏

胡萝卜
海葵

在退潮的泥滩地里，住有贝、沙虫、蟹之类的生物，鸟儿会为了这些食物而飞来。鹬和都是迁移性鸟类，可在 4 ~ 6 月、8 ~ 10 月看到。

海鸥

红嘴鸥

大黑脊鸥

中杓鹬

反嘴鹬

滨鹬

沙蚕

蛤

长吻沙蚕

观察岸滨

潮池，是海洋水族馆

海中住着许多罕见的生物。在浮潜（戴着呼吸管、蛙鞋和面镜潜水）或水肺潜水（戴着呼吸器潜水）时所看到的海底世界，真的是既美丽又神秘。除此之外，还有其他的方法能一探海中情景，那便是观察潮池。潮池，是潮水退去时，被留在岩石凹陷处没有流出去的水，所形成的水池。它是天然形成的海洋水族馆，生物的种类非常丰富。

整理好装备

看准退潮的时机，好好去观察潮池吧。由于尖锐的岩石或附在岩石上的贝类，都可能会割伤脚，所以要穿运动鞋去。为了避免手部受伤，最好戴上工作手套。在艳阳高照的日子里，别忘记戴帽子，因为开始观察后，时间一下子就过去了。透过箱型镜，能清楚看见水中的景物，制作只要利用空罐或牛奶纸盒就可以了。

观察的重点

小鱼的动作很快，但是就算看丢了，只要等一等，应该马上会再游出来才对。多注意观察岩石下的阴暗角落，若有松动的石头，可以把它轻轻掀开来看看。抓螃蟹时要小心那双大钳子，然后牢牢地抓住它的甲壳。如果发现海葵或海兔，试着用手碰一下，看看它们会有什么反应？海兔喷洒出来的紫色液体，只是用来吓阻敌人的，并没有毒。有时太沉迷于观察，会没察觉到开始涨潮了，建议从退潮开始，观察 2 ~ 3 个小时是比较适当的。

制作箱型镜

空罐
橡皮筋
塑料袋

用软管把潮池的水排出

让水流入软管中
海面
潮池

把潮池的水排出

美肩鳚
等指海葵
扇蟹
麦秆虫
海蛞蝓
网平涡虫
黑指纹海兔

田野笔记

在口袋里放入小小的笔记本

把在山野中观察到的东西，都记录到笔记本上吧。我们以为自己绝不会忘记，随着时光流逝，记忆也会变得模糊不清。因此就算是多么小的事、多么理所当然的事，也都把它记下来吧。笔记本不用太大，差不多能放进口袋里的大小就可以，如果使用铅笔，HB 到 2B 都很可以，记得先准备 2 ~ 3 支。用圆珠笔也可以，重点是想写的时候，随时都能拿出来。如果是植物当然没有问题，但昆虫或鸟类可不会乖乖不动，所以你必须速写下来并写下特征。

笔记里要写的东西

别忘了注明时间、地点和天气，也把一起去的朋友名字写上去，以后想要再请教他们时就会很方便。把田野笔记当成是加了观察记录的日记，详细地写下所有的经过，如餐点的内容、途中发生的事……用这种写法，当我们日后重新看的时候，一定可以清清楚楚地回想起当时的情况。

解开疑惑的乐趣

人们总是忍不住想把自己已经知道的东西、人家教会的东西，先写到笔记本上，但是，我反倒希望你把"这是什么"的疑问写下来。是鸟也好、昆虫也好、植物也好，凡是不知道的东西，全都画下来。如果当时没有时间，那就凭印象把它记下来，回家后再进行调查。因此，在野外使用笔记本的时候，只用单面就好，另一面空下来以便日后可以补充书写。解决疑问的过程，正是田野笔记的乐趣之一。

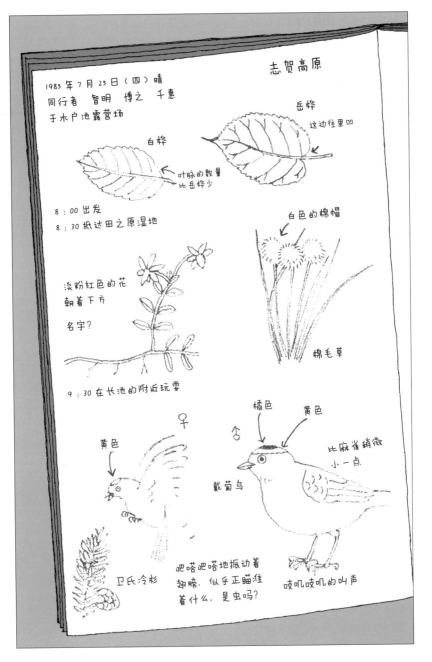

志贺高原

1985 年 7 月 23 日（四）晴
同行者　智明　博之　千惠
于木户池露营场

岳桦

这边往里凹

白桦

叶脉的数量
比岳桦少

8：00 出发
8：30 抵达田之原湿地

白色的棉帽

淡粉红色的花
朝着下方
名字？

棉毛草

9：30 在长池的附近玩耍

橘色　黄色

黄色

比麻雀稍微
小一点

戴菊鸟

卫氏冷杉

吧嗒吧嗒地振动着
翅膀，似乎正瞄准
着什么，是虫吗？

吱叽吱叽的叫声

301

来钓鱼吧①

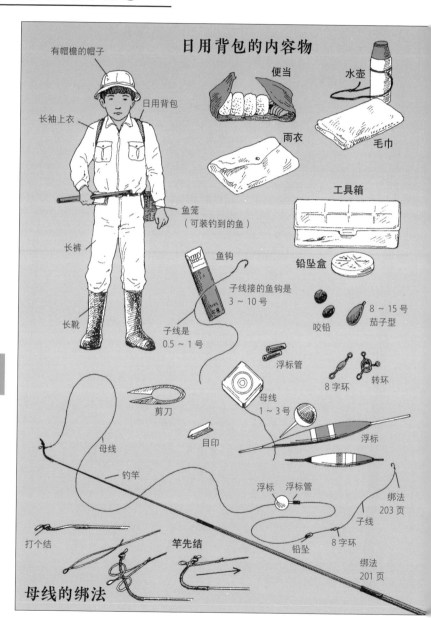

日用背包的内容物

有帽檐的帽子

日用背包

长袖上衣

便当

水壶

雨衣

毛巾

鱼笼
（可装钓到的鱼）

长裤

工具箱

长靴

铅坠盒

鱼钩

子线接的鱼钩是
3～10号

咬铅

8～15号
茄子型

子线是
0.5～1号

浮标管

8字环

转环

剪刀

母线
1～3号

目印

浮标

母线

钓竿

浮标 浮标管

绑法
203页

子线

打个结

竿先结

铅坠

8字环

母线的绑法

绑法
201页

从河川或溪流开始钓吧。鱼饵使用水栖昆虫是最好的。钓鱼的第一步是要先懂得鱼类的知识。提前调查好什么鱼会出现在什么地方再出门吧。

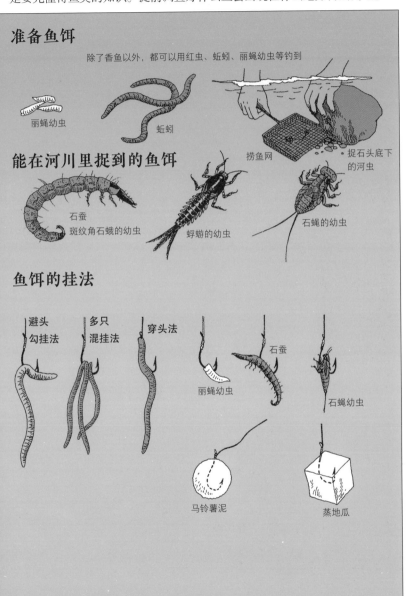

准备鱼饵

除了香鱼以外，都可以用红虫、蚯蚓、丽蝇幼虫等钓到

丽蝇幼虫

蚯蚓

捞鱼网

捉石头底下的河虫

能在河川里捉到的鱼饵

石蚕
斑纹角石蛾的幼虫

蜉蝣的幼虫

石蝇的幼虫

鱼饵的挂法

避头勾挂法

多只混挂法

穿头法

丽蝇幼虫

石蚕

石蝇幼虫

马铃薯泥

蒸地瓜

来钓鱼吧②

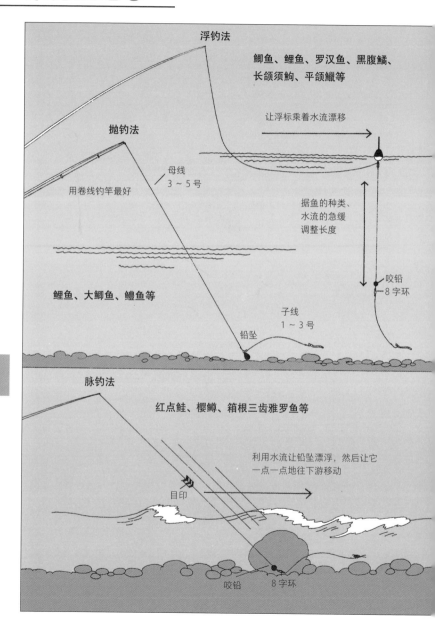

浮钓法

鲫鱼、鲤鱼、罗汉鱼、黑腹鱊、长颌须鮈、平颌鱲等

让浮标乘着水流漂移

抛钓法

用卷线钓竿最好

母线 3～5号

据鱼的种类、水流的急缓调整长度

鲤鱼、大鲫鱼、鳢鱼等

子线 1～3号

铅坠

咬铅 8字环

脉钓法

红点鲑、樱鳟、箱根三齿雅罗鱼等

利用水流让铅坠漂浮，然后让它一点一点地往下游移动

目印

咬铅 8字环

不同种类的鱼，喜欢居住的场所也会不同。找出被称为钓点的那个地方是很重要的。红点鲑、樱鳟、香鱼是有禁捕期的，所以要注意一下。

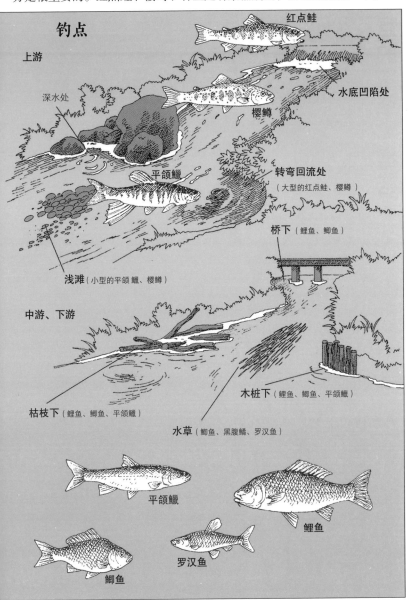

钓点

上游

深水处

红点鲑

水底凹陷处

樱鳟

转弯回流处（大型的红点鲑、樱鳟）

平颌鱲

桥下（鲤鱼、鲫鱼）

浅滩（小型的平颌鱲、樱鳟）

中游、下游

木桩下（鲤鱼、鲫鱼、平颌鱲）

枯枝下（鲤鱼、鲫鱼、平颌鱲）

水草（鲫鱼、黑腹鳍、罗汉鱼）

平颌鱲

鲤鱼

罗汉鱼

鲫鱼

要注意的毒草·毒菇

看起来好像可以吃的毒草

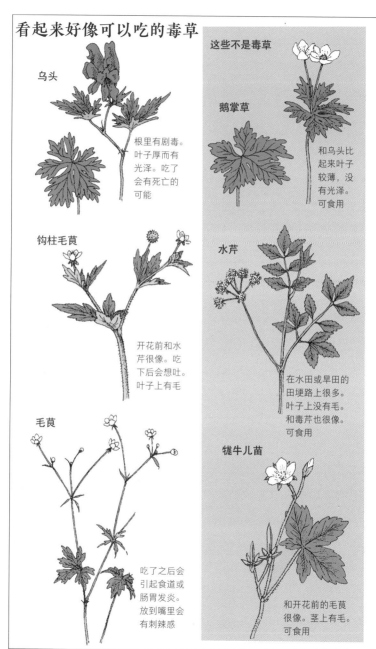

乌头

根里有剧毒。叶子厚而有光泽。吃了会有死亡的可能

钩柱毛茛

开花前和水芹很像。吃下后会想吐。叶子上有毛

毛茛

吃了之后会引起食道或肠胃发炎。放到嘴里会有刺辣感

这些不是毒草

鹅掌草

和乌头比起来叶子较薄，没有光泽。可食用

水芹

在水田或旱田的田埂路上很多。叶子上没有毛。和毒芹也很像。可食用

牻牛儿苗

和开花前的毛茛很像。茎上有毛。可食用

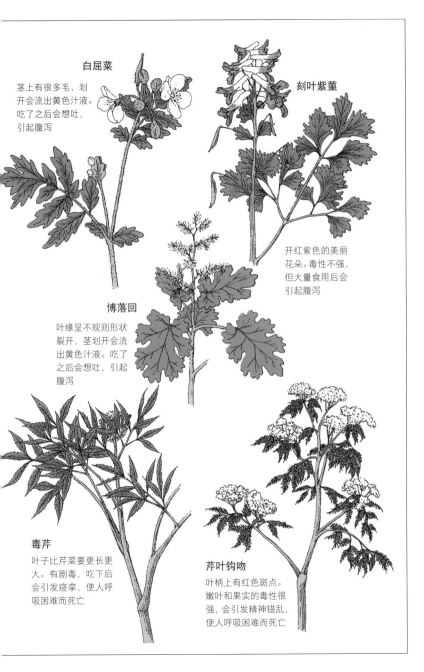

白屈菜

茎上有很多毛，划开会流出黄色汁液。吃了之后会想吐，引起腹泻

刻叶紫堇

开红紫色的美丽花朵。毒性不强，但大量食用后会引起腹泻

博落回

叶缘呈不规则形状裂开，茎划开会流出黄色汁液。吃了之后会想吐，引起腹泻

毒芹

叶子比芹菜要更长更大。有剧毒，吃下后会引发痉挛，使人呼吸困难而死亡

芹叶钩吻

叶柄上有红色斑点。嫩叶和果实的毒性很强，会引发精神错乱，使人呼吸困难而死亡

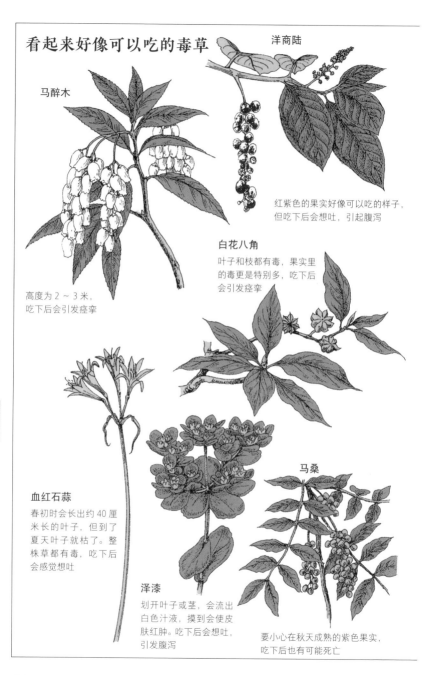

看起来好像可以吃的毒草

洋商陆

马醉木

红紫色的果实好像可以吃的样子，但吃下后会想吐，引起腹泻

高度为2～3米，吃下后会引发痉挛

白花八角

叶子和枝都有毒，果实里的毒更是特别多，吃下后会引发痉挛

血红石蒜

春初时会长出约40厘米长的叶子，但到了夏天叶子就枯了。整株草都有毒，吃下后会感觉想吐

泽漆

划开叶子或茎，会流出白色汁液，摸到会使皮肤红肿。吃下后会想吐，引发腹泻

马桑

要小心在秋天成熟的紫色果实，吃下后也有可能死亡

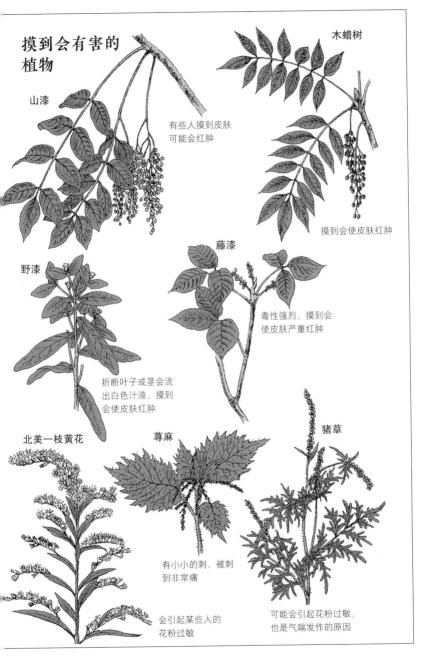

摸到会有害的植物

山漆

有些人摸到皮肤可能会红肿

木蜡树

摸到会使皮肤红肿

野漆

折断叶子或茎会流出白色汁液，摸到会使皮肤红肿

藤漆

毒性强烈，摸到会使皮肤严重红肿

北美一枝黄花

会引起某些人的花粉过敏

荨麻

有小小的刺，被刺到非常痛

猪草

可能会引起花粉过敏，也是气喘发作的原因

身边就有的有毒植物

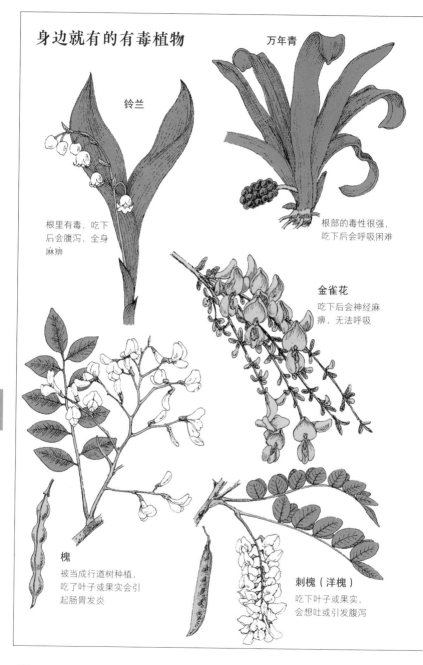

万年青

铃兰

根里有毒，吃下
后会腹泻，全身
麻痹

根部的毒性很强，
吃下后会呼吸困难

金雀花
吃下后会神经麻
痹，无法呼吸

槐
被当成行道树种植，
吃了叶子或果实会引
起肠胃发炎

刺槐（洋槐）
吃下叶子或果实，
会想吐或引发腹泻

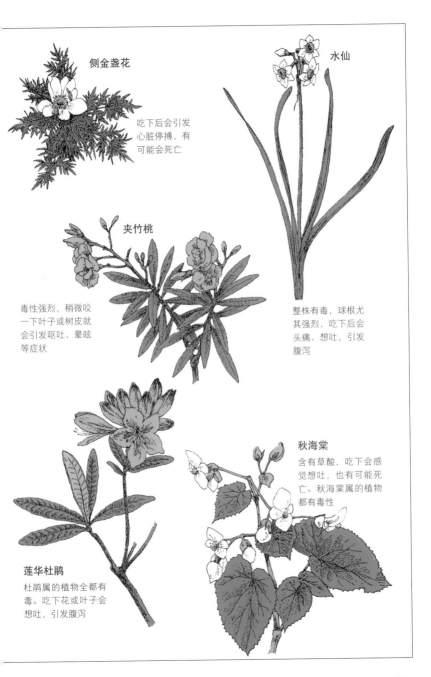

侧金盏花

吃下后会引发心脏停搏，有可能会死亡

水仙

整株有毒，球根尤其强烈，吃下后会头痛、想吐，引发腹泻

夹竹桃

毒性强烈，稍微咬一下叶子或树皮就会引发呕吐、晕眩等症状

秋海棠

含有草酸，吃下会感觉想吐，也有可能死亡。秋海棠属的植物都有毒性

莲华杜鹃

杜鹃属的植物全都有毒。吃下花或叶子会想吐，引发腹泻

身边就有的有毒植物

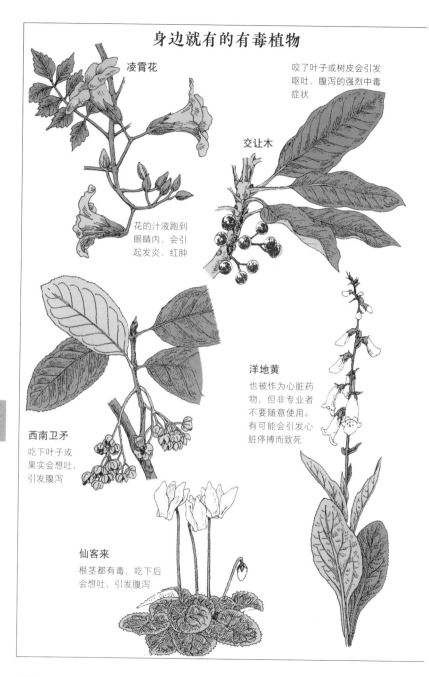

凌霄花

咬了叶子或树皮会引发
呕吐、腹泻的强烈中毒
症状

交让木

花的汁液跑到
眼睛内，会引
起发炎、红肿

洋地黄

也被作为心脏药
物，但非专业者
不要随意使用。
有可能会引发心
脏停搏而致死

西南卫矛

吃下叶子或
果实会想吐，
引发腹泻

仙客来

根茎都有毒，吃下后
会想吐，引发腹泻

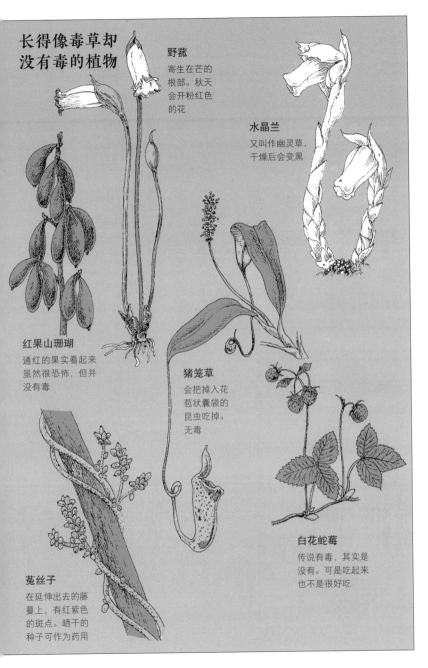

长得像毒草却
没有毒的植物

野菰
寄生在芒的根部。秋天会开粉红色的花

水晶兰
又叫作幽灵草，干燥后会变黑

红果山珊瑚
通红的果实看起来虽然很恐怖，但并没有毒

猪笼草
会把掉入花苞状囊袋的昆虫吃掉。无毒

菟丝子
在延伸出去的藤蔓上，有红紫色的斑点。晒干的种子可作为药用

白花蛇莓
传说有毒，其实是没有。可是吃起来也不是很好吃

毒菇

　　一般人是无法分辨出毒菇的。毒菇在日本有 30 种左右，除了把它们——记住之外，别无他法。跟着专家一起出去找，看看颜色、闻闻味道、摸摸之后就能记下来了。稍微咬一点点并不会致死，所以可以把味道也记下来。参考下面的图例，记住它们的特征吧。

蕈伞的种类

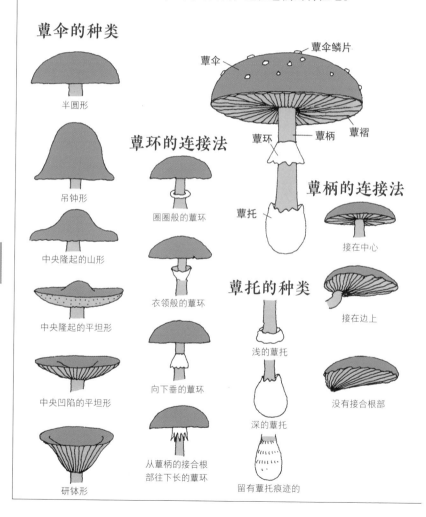

半圆形

吊钟形

中央隆起的山形

中央隆起的平坦形

中央凹陷的平坦形

研钵形

蕈环的连接法

圈圈般的蕈环

衣领般的蕈环

向下垂的蕈环

从蕈柄的接合根部往上长的蕈环

蕈伞鳞片

蕈伞

蕈环

蕈柄

蕈褶

蕈托

蕈柄的连接法

接在中心

接在边上

没有接合根部

蕈托的种类

浅的蕈托

深的蕈托

留有蕈托痕迹的

会危及生命的
剧毒菇类

毒鹅膏
阔叶林里很多。吃下后会
引起严重腹泻

红褐杯伞
竹林、灌木林里
很多。怎么看都
像是可以吃的。
直立的茎，很容
易裂开

鳞柄白鹅膏
阔叶林里很多。
整体很白，有
蕈环，根部有
大大的蕈托。
有倒刺

簇生垂幕菇
簇生于杉、栗、
栎的枯木上。因
为很苦，所以咬
了就知道

鹿花菌
针叶林或灌木林里很多。蕈伞的
部分像脑的形状，十分奇妙

霍乱盔孢伞
在枯木或锯屑上一株
株地生长。吃下后会
引发严重腹泻，症状
和霍乱很像

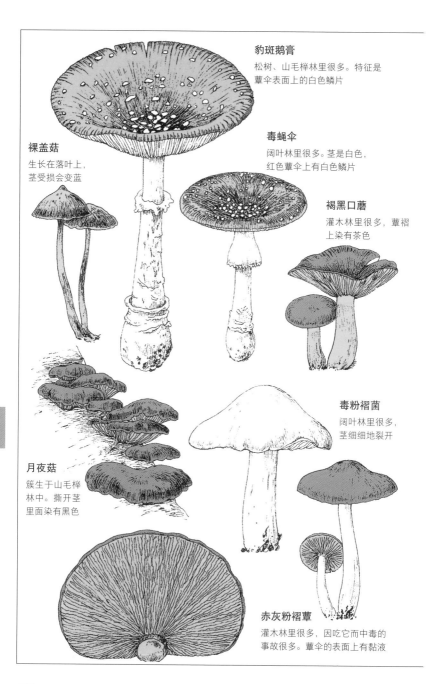

豹斑鹅膏

松树、山毛榉林里很多。特征是
蕈伞表面上的白色鳞片

毒蝇伞

阔叶林里很多。茎是白色，
红色蕈伞上有白色鳞片

裸盖菇

生长在落叶上，
茎受损会变蓝

褐黑口蘑

灌木林里很多，蕈褶
上染有茶色

毒粉褶菌

阔叶林里很多，
茎细细地裂开

月夜菇

簇生于山毛榉
林中。撕开茎
里面染有黑色

赤灰粉褶蕈

灌木林里很多，因吃它而中毒的
事故很多。蕈伞的表面上有黏液

会引发强烈中毒的菇类

亚稀褶黑菇

栲树、橡树林里
很多。蕈伞是黑
色，蕈褶受损后
则会变成红色

橘黄裸伞

重叠地生长在阔叶树的
残株或倒下的树上。咬
下去有苦味

毒红菇

阔叶林里很多。特征是茎很容
易折断。虽然也有无毒或毒性
不强的说法，但最好还是不要
食用

阿根廷裸盖菇

森林里的路边很多。它是直
径2～3厘米的小型菇类。
会引发幻觉

美丽枝瑚菌

灌木林里很多。
呈淡红色，像珊
瑚一样。枝头的
颜色很淡

蝶形斑褶菇

生长于马粪上。
吃下会引发幻觉

在山里遇到野兽

在野外遇到野兽时，会让人感到既紧张又兴奋。松鼠、兔子、猴子、鹿等，都是白天在日本山上经常能遇到的野兽。当野兽和我们四目相交时，那一瞬间，会产生一种彼此心灵相通的感觉。在山里碰上野兽时，应该要采取什么样的态度呢？首先要遵守不要动和不要出声这两个原则。因为是我们闯入了野兽们居住的山野，所以受到惊吓的其实是它们。我们只要静静地在一旁守候就可以了。

野兽为了寻求食物或水而走的路线几乎都是固定的，这条路被称为兽径。由于动物们走过好多次，形成了像是人类走出来的路，所以在山里，如果一不小心走入这混杂的兽径后，也有可能会迷路的。走在山径上，当你觉得经常有草或树枝覆盖到两侧腰部以上的部位，而且明明有路却很难走时，就要怀疑它是否是兽径了。

动物之中，有很多和狸或狐一样是在夜晚活动的。要观察夜行性的动物，就要在它们可能出没的场所附近搭帐篷或小屋来等待。夜里，野兽的眼睛会闪耀着红色的光芒，一旦发现红色的眼睛，就试着用手电筒照看看吧。令人意外的是，野兽似乎并不会被手电筒的光给吓到。

面临危险的应对

迷路时

折返到有印象的地方

背着行李走在山路上时，经常只顾着看脚边和前方，一不小心就疏忽了标示，也有可能和同伴走散。这时候要立刻折返，走回自己有印象的地方，然后打开地图，拿出指北针，试着确认现在的位置。之前休息时仔细眺望的周边景色，这时候就能派上用场了。不过，折返时的景观会变成相反的，所以要不时回头确认一下。如果在下山时迷了路，千万不要因为折返回去很麻烦，而认为反正走下去总会抵达某处吧，这么想可是非常危险的。一来视野不佳，二来要是走进沼泽区，可就会越急越无法脱身了。所以在下坡时迷路，一定要折返回去，爬回到适合瞭望的地方。

别疏忽山路的标示物

山路上除了指标之外，还有很多用彩带或油漆等涂绑在岩石或树上的记号。别忽略了这些东西，走路时多留意是很重要的。此外，走在前面的人如果想要提醒后面的同伴有危险的情况时，可以标示出如右页的记号。这些是童子军使用的记号，用一些石头、草或木头就可以做出来，如果在海边，用海草之类的也可以。在其他同伴可能弄错或很少人走的地方，做个易懂的标志吧，不过，这些记号都只是为了让同伴们使用的，所以最后看见的人，一定要把它恢复原状。如果有许多标示混淆在一起，会让其他后来的人产生错乱、不安的感觉。当然，随随便便做个记号，或在别人做的标志上恶作剧，都是不行的。

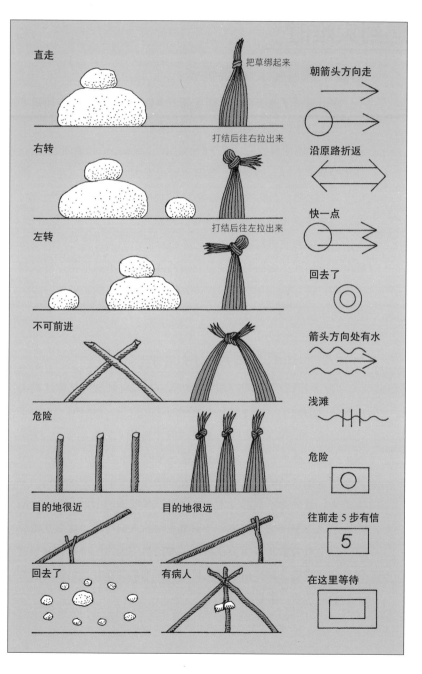

直走   把草绑起来

右转   打结后往右拉出来

左转   打结后往左拉出来

不可前进

危险

目的地很近   目的地很远

回去了   有病人

朝箭头方向走

沿原路折返

快一点

回去了

箭头方向处有水

浅滩

危险

往前走 5 步有信

5

在这里等待

遇到灾难时

先做个深呼吸，不要慌张

在山里迷了路天色却逐渐变黑，或是从山崖上摔下来动弹不得，而无法按照原计划回去……在越来越强烈的不安情绪下，不论是谁都会害怕得想哭。这个时候，我们不管是慌张地四处乱转，或是冷静下来耐心的等待，都有可能决定大家的生死。首先，做几个深呼吸吧，不要慌张。如果天色已经暗了，就不要随便移动，做好当晚在这里露宿的心理准备，并想办法发出 SOS 求救信号。不论遇到何种灾难都不认输、打算自行下山的人，就必须相当了解山里的情况，否则与其硬撑着消耗体力，还不如乖乖等待救援比较好，这一点请务必牢记在心。如果是在日本的山上，一定会有人前来搭救的。

一定要告知家人后再出门

"照预定行程来看应该回来了啊，不太对劲啊！"像这样经由等待者的通报，而得知有人遇难的情况很多。出门前，一定要把写有何时、和谁、走哪一条路线的计划书（参阅 25 页），交给家里的人。此外，登山口的小屋里，也经常放有登山者卡片。别嫌麻烦，把自己的信息填上去，万一遇到灾难时，救援者很快就会赶来。意外并不全都发生在高山上，在低矮的山里采蘑菇或摘山野草而迷路的情形也很多。根据获救的人们所说，这时候要相信一定会有人来救援而待在原地，并捡拾生火用的小树枝或树叶做好防寒准备，这样似乎是比较好的。不论处在什么情况下，都不要放弃希望，耐心等待。

SOS 的信号

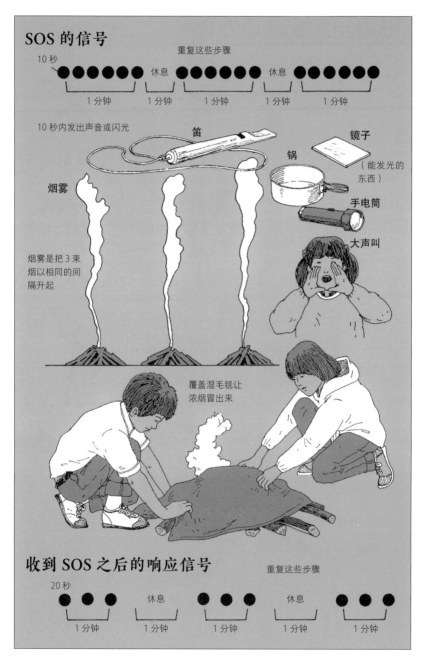

重复这些步骤

10 秒

●●●●● 休息 ●●●●● 休息 ●●●●●

1 分钟 | 1 分钟 | 1 分钟 | 1 分钟 | 1 分钟

10 秒内发出声音或闪光

笛

镜子
（能发光的东西）

锅

手电筒

烟雾

大声叫

烟雾是把 3 束烟以相同的间隔升起

覆盖湿毛毯让浓烟冒出来

收到 SOS 之后的响应信号

重复这些步骤

20 秒

●●● 休息 ●●● 休息 ●●●

1 分钟 | 1 分钟 | 1 分钟 | 1 分钟 | 1 分钟

用旗语信号通知外界

待机／空格		数字记号		错误	
C／3／了解		D／4		E／5／请重复	
I／9		J／字母记号		K／0	
O		P		Q	
U		V		W	

面对即使出声呼叫也听不到的场所时，旗语信号是很有用的通讯方法。把从"待机"到"Z"为止的动作都记起来吧。

取消		A / 1		B / 2	
F / 6		G / 7		H / 8	
L		M		N	
R		S		T	
X		Y		Z	

325

遇到落石、雪崩时

一颗小石头也有可能要人命

过去，曾经发生过正在爬富士山的人被落石砸成重伤、甚至死亡的严重事故。要是被从高处迅速落下的石头砸中，即使是小石头，也有可能会使人丧命。在山壁旁或有"小心落石"的标示处，尽可能要边走路边留意上方。只要早一点发现有石头掉下来，躲开的概率就很高了。走到写有"小心落石"的山崖时，把衣物厚厚的盖在头上后迅速通过也是一种办法。

如果有石头掉下去，要大声告知

相反，若是不小心在山壁边踢落了石头，就要大声地喊出"有落石！"或"掉下去了！"让底下经过的人能够知道。容易移动的石头被称为松动石，和周围的石头相比，它看起来很新，仔细观察，就能分辨出来。如果碰到这种石头，千万不要靠近它。

发生泥石流、雪崩的地方是固定的

当然，这并不是100%的。不过，土质松软的地方、春初融雪时容易发生雪崩的场所，几乎都是固定的。住在当地的人应该最清楚了，所以在前往山区前，记得先打听一下哪些地方有危险。雪崩发生前，会有小小的雪块或冰片散落下来，在这时候就要确认掉落的方向，立刻逃出去。万一来不及而被崩雪给冲走，就要像在海里游泳一样挥舞手脚，努力地朝上面移动。即使被雪埋住了，只要头在雪面上，就有可能自己设法爬出来。但是，除了对山非常熟悉的人以外，最好还是别去积雪的山上。

躲在大块的岩石
后面避开落石

走在山崖边时，
要小心地通过

遇到雪崩，要像游泳
一样把头露出来

下雪天的危险

走在雪地上

下雪时，周围的景观会变得完全不一样。当白雪覆盖住一切，原本很熟悉的地方，也仿佛变成了另一个世界。打雪仗时，四处跑来跑去虽然很有趣，一旦要在雪地上走路，却又显得很困难。即使只是埋到脚踝处的雪，用一般的速度走起来也是很吃力，若是深及膝盖的雪，就更不用说了，那根本是寸步难行了。于是，住在雪地的人想出了一种踏雪套鞋，穿上这种套鞋可以分散身体的重量，人就不会深陷雪中了。

穿踏雪套鞋走路的诀窍

对住在寒冷地区的人而言，穿上踏雪套鞋走在雪地，简直是轻而易举。但是对头一次穿的人来说，走起路来可就没那么容易啊。用普通的走法是行不通的，因为把脚往前跨时，套鞋彼此会撞在一起，根本无法顺利往前走。诀窍是把脚向外画出弧形，用外八字的方式去行走就可以了。要学会这个诀窍，就只能靠自己多加练习了，再还没有办法穿着套鞋自由行走前，绝对不要在雪中远行。

以防万一，记住雪洞的做法

在雪地里发生意外，危险性极高。试着想象一下，万一在雪中面临生死关头时，如果是在白天，就参考 323 页发出 SOS 的信号；如果天色已经暗下来，就只能挖一个雪洞来等待天亮了。挖雪洞不仅需要很大的气力，更要有强韧的精神力，才能耐得住寒冷与漫漫长夜的煎熬。当危险出现在眼前时，就拿出你的勇气来吧。

圆形踏雪套鞋

用外八字行走

把草绳捆在长靴上，
可以止滑

用树枝或塑料布
盖住洞口

雪洞的做法

挖出里面的雪

329

躲避雷击

打雷的原因

　　雷的形成，与各种原因所引起的上升气流有关。以夏天为例，当地面被太阳晒热，地表的水分几乎都被蒸发后，那些不断向上飘移的水蒸气，就是一种上升气流。这些上升的水蒸气，在气温较低的上空中会变成冰晶，这种冰晶是带电的。虽然还没有人知道原因，但当带有正电的冰晶与带有负电的冰晶碰撞在一起时，就会产生放电的现象。这时候，会先看见闪电的光芒，接着再传出轰隆轰隆的声响，这就是打雷了。日本在6～9月之间，打雷的现象非常多。就时间上来说，比起早上和夜晚，雷多集中在中午到傍晚的时刻，所以有人会说"雷公睡过头了"，便是这个缘故。

看出要打雷了

　　夏天时，看见积雨云就知道要打雷了。积雨云成长之后，会变成雷雨云。如果早一步发现积雨云，就要想办法赶快躲到安全的地方。此外，在野外打开收音机时，听到刺耳的杂音，也意味着附近有雷雨云。突然下起大的雨滴，也是打雷的前兆，要立刻找地方躲避。

避免雷击的方法

　　碰到打雷时：①首先往低处逃；②远离高耸或枝叶广阔的树木下方；③远离电塔，把身上佩戴的金属物拿掉；④由于水会导电，如果在湖或河中游泳，要立刻上岸；⑤若是很多人聚集在一起，要立刻散开；⑥附近有森林小屋之类的，可以进到屋内，躲在小屋中是最安全的，在车子里也可以。但是，不要靠在墙壁边，万一雷打下来，电会经由墙壁传到地面上去。

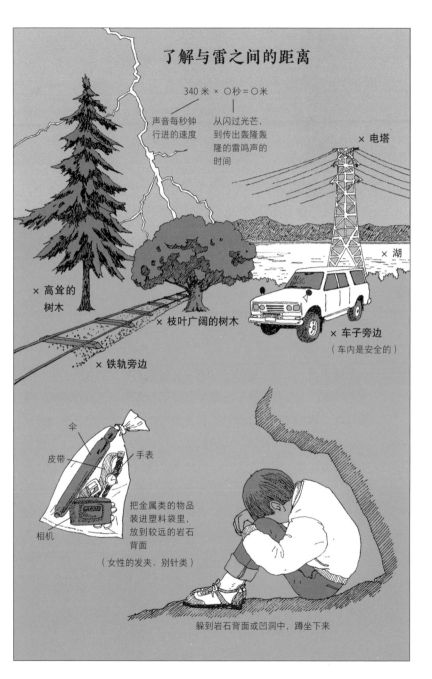

了解与雷之间的距离

340 米 × ○秒 = ○米

声音每秒钟行进的速度

从闪过光芒，到传出轰隆轰隆的雷鸣声的时间

× 电塔

× 湖

× 高耸的树木

× 枝叶广阔的树木

× 车子旁边
（车内是安全的）

× 铁轨旁边

伞

皮带

手表

相机

把金属类的物品装进塑料袋里，放到较远的岩石背面
（女性的发夹、别针类）

躲到岩石背面或凹洞中，蹲坐下来

331

快要溺水时

溺水时，不慌张是很重要的

不是在海里游泳时溺水了，就是在海边钓鱼时被大浪卷下去，海上的事故还真不少。即使会游泳的人，也有在水中脚突然抽筋、身体动弹不得的情况。遇到这种情形，是很难不惊慌的，但是要记得放松身体，让自己顺着海流轻轻地漂浮。人溺水后，往往是在慌张之下喝到水，导致无法呼吸窒息而死。其实，人的身体本来就能浮在水面上，所以不妨随着波浪漂流吧。接着仔细观察波浪的动向，在浪打过来时顺势将身体靠上去，一点一点地朝着岸边横向游回来。

提前做好人工呼吸的练习

即使是很擅长游泳的人，要去救人还是相当危险的，因为有可能会被挣扎中的人紧抓不放，导致自己无法动弹。这种时候，可以找个东西当浮板，如果有大块的木头、塑料箱之类的那是最好，如果没有，就把裤子脱下来当浮板。在两只裤脚上打个结，举起裤腰来回挥舞，让空气灌进去，再用手抓住裤头，把身体趴到上面去。如果有绳子，就用绳子绑起来。把这种可以作为浮板的东西递给溺水的人，让他把身体靠在上面。如果溺水者失去了意识，把他带上岸之后，先让他仰躺下来，确认心脏是否还在跳动。如果有心跳却没有呼吸，就必须立刻施行人工呼吸。先维持溺水者呼吸道的畅通，再把衣服垫在他的肩膀下，使身体稍微抬高，然后把头往后仰。接着打开口腔捏住鼻子（或闭合口腔由鼻孔吹气），把气吹进对方的口中（或鼻中），成人维持1分钟12～16次（儿童15～20次）的标准，偶尔将脸转向一侧，压住胃部，将跑进胃里的空气挤出来。

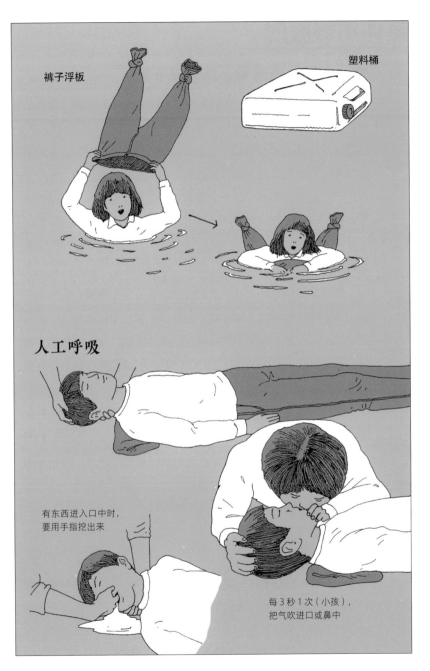

裤子浮板

塑料桶

人工呼吸

有东西进入口中时，
要用手指挖出来

每3秒1次（小孩），
把气吹进口或鼻中

身体不舒服时

解开身上的束缚物，然后躺下来

不知道是什么原因，觉得想吐、脑袋昏昏沉沉的，简单来说，就是身体不舒服的状态。这种时候，先以放松的姿势躺下来，然后解开皮带、衬衫的扣子，女性还要打开胸罩的背钩，把束缚住身体的东西都松开。如果是同行的伙伴发生这种情形，记得要询问对方是热还是冷、会不会想吐、有没有哪里会痛，然后再来考虑处置的方式。

脸色很红时

即使不清楚是什么病，我们也可以从脸色来判断。脸变得很红、不断呼呼地喘气，而且没有流汗，大多是中暑的症状。不仅是中暑而已，当脸看起来变得很红，最好要躺在凉爽的树荫下休息。脸会变红，是因为血压上升，此时为了减轻脑部的负担，可以把头稍微垫高后休息一下。

脸色发青时

相反，脸色发青时为了要提高脑部的血压，要拿东西把脚垫高后休息一下。脸色发青并且冒冷汗，是热衰竭引起的症状。要躺着休息直到脸上恢复血色为止。

想吐时

趴下来，把右手放到脸颊下面当枕头，会感觉轻松很多。如果是仰着躺下来，吐出来的东西或唾液会堵住气管，所以采取侧躺或趴着的姿势比较好。等所有东西都吐出来了以后，漱漱口，在情况稳定下来之后再考虑要不要去医院。

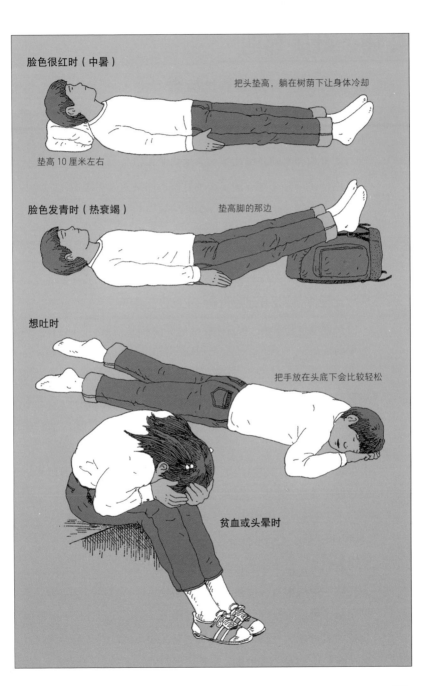

脸色很红时（中暑）

把头垫高，躺在树荫下让身体冷却

垫高10厘米左右

脸色发青时（热衰竭）

垫高脚的那边

想吐时

把手放在头底下会比较轻松

贫血或头晕时

头痛、肚子痛时

头痛时，最好是安静地休息

打喷嚏、觉得发冷、头会痛，这些都是感冒的初期症状。服用平常使用的感冒药，安静休息就可以了。如果是在野外露营，吃一些温热的东西让身体暖和，然后早点睡觉。多穿一些衣服让身体出汗，也是个好方法。这种时候，如果内衣裤湿透，一定要换衣服。即使如此，热度还是没降下来，就服用百服宁等退烧药。明明没有感冒的症状却会头痛时，有可能是中暑了，请参考前一页，让身体好好休息吧。

带一些平常吃的腹痛药

虽说都是肚子痛，但发生疼痛的部位不同，原因也不一样。当左下腹疼痛时，伴随而来的经常是腹泻，可能是吃下去的东西不新鲜、身体受寒等，原因虽然很多种，但只要服用含有木馏油成分的药就可以了。记得注意腹部保暖，保持轻松的姿势静躺一下。当右下腹会痛时，有可能是罹患了急性阑尾炎（俗称盲肠炎）。胃的附近会痛，发烧、想吐，右下腹会痛时，就要怀疑是否是盲肠炎。状况轻微时，服下抗生素（没有医生许可是无法取得的）可以先止痛，但还是要尽快送去医院。这种时候，不可以热敷腹部。

即使便秘了也别在意

在野外，由于吃的东西和平时很不一样，上厕所的时间也不太规律，所以很容易便秘。长期便秘是另外一回事，但如果只是两三天，不用太在意。如果随便服用通便剂，在野外拉肚子反而会变得更麻烦。好好地吃饭，喝下充足的水吧。搭建出舒适的厕所（199页），从心理上说，也是很有效果的。

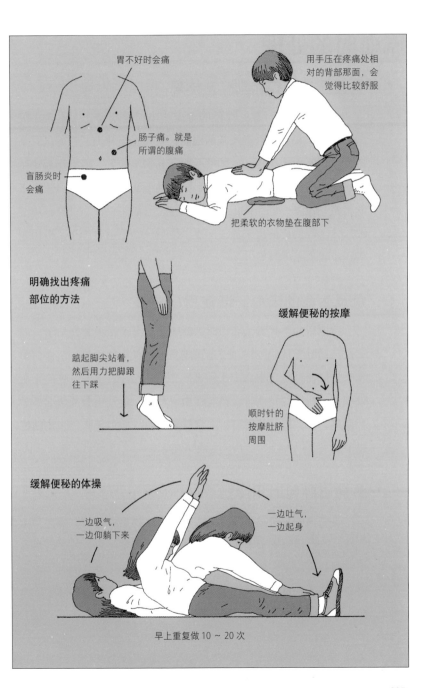

胃不好时会痛

用手压在疼痛处相对的背部那面，会觉得比较舒服

肠子痛。就是所谓的腹痛

盲肠炎时会痛

把柔软的衣物垫在腹部下

明确找出疼痛部位的方法

踮起脚尖站着，然后用力把脚跟往下踩

缓解便秘的按摩

顺时针的按摩肚脐周围

缓解便秘的体操

一边吸气，一边仰躺下来

一边吐气，一边起身

早上重复做 10 ～ 20 次

流血时的处理

直接压住伤口止血

再小的伤口，看见红色的鲜血流出时，都会让人不怎么舒服。不过，在我们紧张慌乱的同时，时间也正在流逝，所以只要不慌张、不大惊小怪，就能够及时把伤口治疗好。因割伤而流血时，立刻用清洁的布压在上面，只要从上面加压，挡住血喷出来的力量，血就一定会被止住。如果布上渗满了血渍，就换一块继续压住。等到血流出来的情况变少之后，盖上消毒纱布，再用绷带固定起来就可以了。

危及生命的出血，请使用止血带

用按压的方式无法止血时，就表示这是个很大的伤口了。如果这是动脉（从心脏将血液运送到身体各部位的血管）出血，不及时处理便会危及生命。这种时候，要使用像右下图一样的止血带绑法。所谓的止血带，只有在出血严重、危及生命的情况下才会使用。在大部分的时候，大家只要记住直接加压伤口止血就可以了。

头撞出肿包时用冷敷

头撞出肿包时，用冷敷能减轻疼痛。如果有伤口，先把污垢洗掉，然后用双氧水消毒，盖上纱布后用绷带包扎好，之后再直接冷敷就可以了。如果觉得想吐，或是耳鼻有轻微的出血，就一定要安静地休息，并且联络医院，因为可能有头骨或脑部受伤的危险性存在。

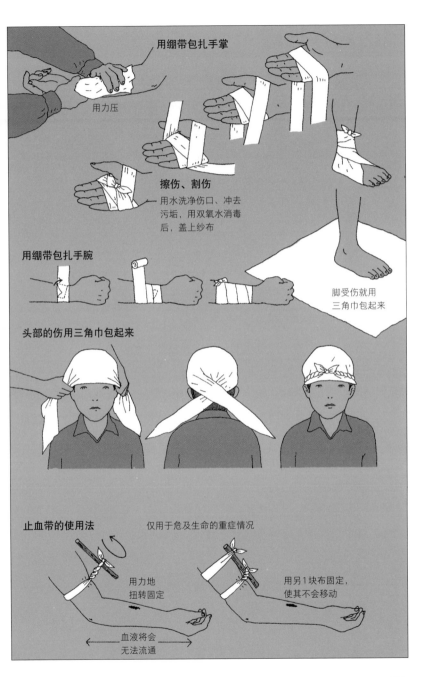

用绷带包扎手掌

用力压

擦伤、割伤

用水洗净伤口、冲去污垢，用双氧水消毒后，盖上纱布

用绷带包扎手腕

脚受伤就用三角巾包起来

头部的伤用三角巾包起来

止血带的使用法　　仅用于危及生命的重症情况

用力地扭转固定

用另1块布固定，使其不会移动

血液将会无法流通

扭伤、骨折时①

不要乱动，安静休养

脚踩滑、被绊倒、跌倒……这种时候最容易发生扭伤或脱臼了。扭伤是关节差一点错位，或是瞬间错位后再度回到原位时，关节附近的韧带受伤而产生发炎的症状。脱臼则是关节错位，无法回到原位的状态，更严重的时候，说不定还会骨折。不论哪一种情形都会非常痛。骨折的时候，不要自己移动受伤的部位。扭伤或脱臼要经过一段时间才会肿起来，骨折则不同，会立刻就肿起来了。但不论是哪一种，都不可以硬撑着走路，否则伤势会发展得更严重。

充分冷敷患部

横躺下来，把扭伤或骨折的部位抬至高过心脏，因为如果有内出血，这么做既可以抑制出血量，也可以减少肿胀情形。躺下平静后，接着就开始冷敷患部。如果在河边或海滨，就直接去舀水冷敷。冬天在山上时，则可以利用残雪。要一直敷到伤口没有感觉为止，而且绝对不可以按摩。冷敷之后，患部用夹板固定、绑上绷带，然后在大家的协助下送去医院吧。绷带不是随便就能绑好的，因为我们不知道什么时候会受伤，所以平常就要和朋友们多做练习。设想出各种状况：脚踝扭伤、膝盖脱臼、手臂骨折等，然后练习好恰当的处置方法。奇怪的是，一旦我们做好万全的准备，反而比较不会遭遇严重的伤害或事故了，这种神奇的心理因素，对预防意外的发生，似乎也能起很大的作用。

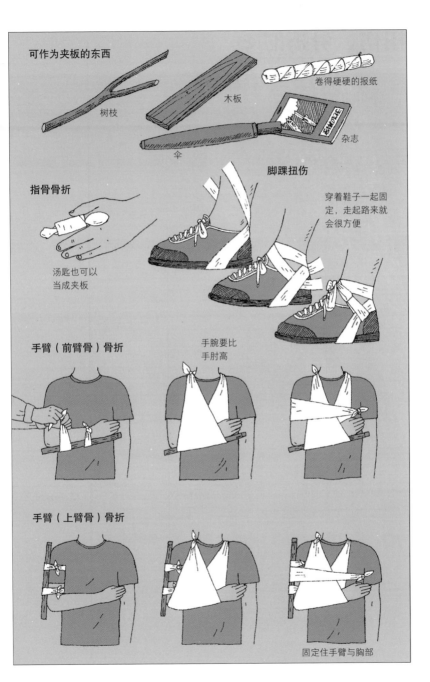

可作为夹板的东西

树枝

木板

卷得硬硬的报纸

伞

杂志

指骨骨折

汤匙也可以
当成夹板

脚踝扭伤

穿着鞋子一起固
定，走起路来就
会很方便

手臂（前臂骨）骨折

手腕要比
手肘高

手臂（上臂骨）骨折

固定住手臂与胸部

341

扭伤、骨折时②

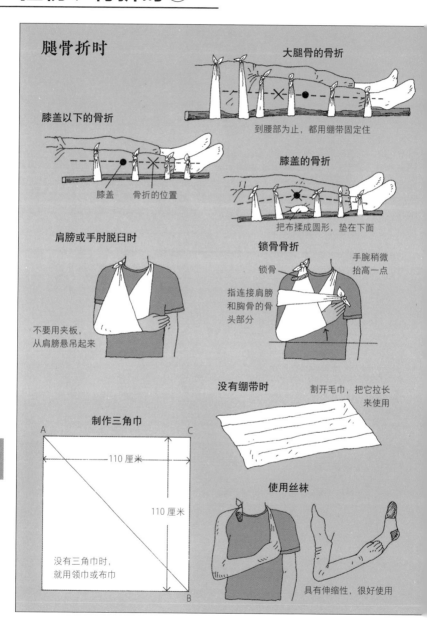

腿骨折时

大腿骨的骨折

到腰部为止，都用绷带固定住

膝盖以下的骨折

膝盖　骨折的位置

膝盖的骨折

把布揉成圆形，垫在下面

肩膀或手肘脱臼时

不要用夹板，从肩膀悬吊起来

锁骨骨折

锁骨

手腕稍微抬高一点

指连接肩膀和胸骨的骨头部分

没有绷带时

割开毛巾，把它拉长来使用

制作三角巾

A ──110 厘米── C

110 厘米

没有三角巾时，就用领巾或布巾

B

使用丝袜

具有伸缩性，很好使用

342

做完紧急处置后，要马上把患者送回去。腿部骨折时就使用担架。为了避免不小心把病患摔下去，搬运者要一步一步、稳稳地踩在地上行走。

病人的搬运法

两个人做出椅子，让病人坐上去

娇小、体重轻的人就用背的

还可以走路时，就用肩膀支撑他

制作担架

把棍子穿过厚的运动服等上衣。先让正常的人躺上去测试看看

烫伤时

紧急的处置，就只能用冷水冷却而已

像是生火时、做饭时等，在野外也经常会被烫伤。在家里不小心烫伤，就冲到水龙头旁边，直接用冷水冲烫伤的部位。10分、20分钟，一直冲到刺痛感消失为止，即使觉得很冷、手也失去了知觉，还是要继续冲下去。在野外也是如此，冷却是最重要的。由于没有自来水，所以我们得舀水来浸泡，如果有残雪，也可以把它倒进去，越冰越好。冷却的目的，是为了减轻症状、避免接触到空气，也有人说可以涂油或酱油，但是那反而会沾上细菌，所以别那么做。

连着衣服被烫伤时，就直接冷却

烫伤根据严重度，可分为①皮肤变红，有刺痛感；②形成水泡；③溃烂，三个阶段。被炸东西的油喷到，最严重时会变成③的情形。这种时候先在伤口上敷上清洁的纱布，然后立刻去医院。不论是多严重的烫伤，只要是局部性的就不会危及生命，所以要冷静地去做紧急处置。不过，当整个身体的表面积有20%以上都被烫伤时，就会危及生命。20%的标准，大约是身体的一半。如果形成②的水泡状态时，小心不要弄破皮肤，先敷上纱布，然后松松地缠上绷带。遇到这种情形时，只要持续地冲水冷却，症状应该会减轻才对。连着衣服被烫伤时，不要硬把衣服脱掉，要直接从上面冲水冷却。烫伤的症状越严重，喉咙就会越干，喝下充足的水，让身体好好地休息吧。

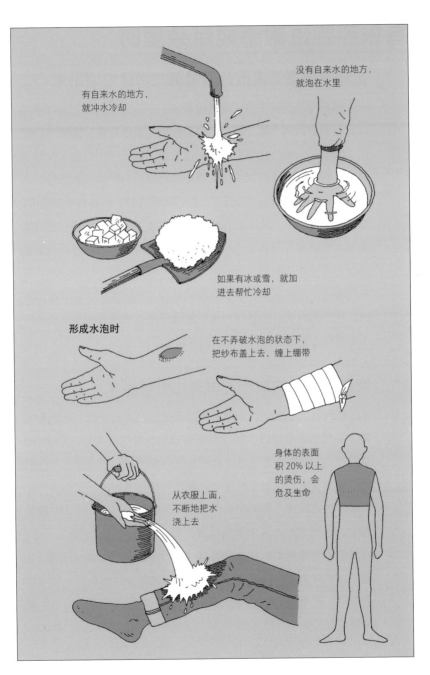

有自来水的地方，就冲水冷却

没有自来水的地方，就泡在水里

如果有冰或雪，就加进去帮忙冷却

形成水泡时

在不弄破水泡的状态下，把纱布盖上去，缠上绷带

从衣服上面，不断地把水浇上去

身体的表面积 20% 以上的烫伤，会危及生命

有东西跑进眼睛或耳朵里时

跑进眼睛里的尘土，用眼泪或水让它流出来

如果有尘土或小虫子跑进眼睛里，千万不要去揉它，即使多少有点刺痛也要忍耐。跑进上眼睑时就抓住上眼睑，用另一只手把下眼睑往上推，让眼泪流出来，眼泪可以让尘土或虫子自然地排出。跑进下眼睑时就拉住下眼睑，把清洁的纱布用水沾湿，轻轻地把异物擦拭出来。如果这么做还是不行时，就在杯子里装水，然后罩在眼睛上，让眼睛在水里眨来眨去即可。当然啦，把整张脸浸在洗脸盆等容器里，然后在水里眨眼睛也可以。因为用手去揉反而会更伤害眼睛，所以请记得千万不要慌张，冷静应对。当东西跑进隐形眼镜里，痛感会特别强烈，所以要立刻摘下隐形眼镜，然后采取相同的处置。如果露营的地方很难找到清洗镜片的干净水源，请提前去药店买生理食盐水带着。

跑进耳朵里的虫子，用亮光引诱出来

在野外，经常会发生虫子飞进耳朵里之类的事情。虽然我们会急着想把手指伸进去挖，但正确的做法是把耳朵朝向明亮处，等待一下。如果有手电筒，就用它往耳洞里照，因为虫子会往明亮的地方爬去。硬是去挖耳朵，或想用棉花棒掏出，反而会把虫子推进耳朵深处，有可能会伤害到耳朵内部。还有，游泳时耳朵进水，就把进水的耳朵朝向下方，用同一侧的脚轻轻地跳几下，或是把太阳晒热的石头压在耳朵上，然后甩甩头也是很有效的。此外，当耳朵突然觉得疼痛时，也有可能是外耳道炎症，要立刻去医院。若用冰毛巾之类的去冷敷，过一阵子疼痛感应该会大幅减轻才对。

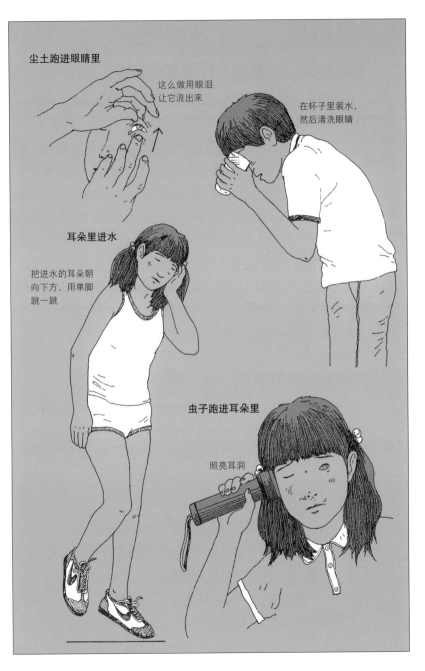

尘土跑进眼睛里

这么做用眼泪
让它流出来

在杯子里装水，
然后清洗眼睛

耳朵里进水

把进水的耳朵朝
向下方，用单脚
跳一跳

虫子跑进耳朵里

照亮耳洞

被虫叮到时

用水冷却，或是涂上抗组织胺软膏

在雌蜂的腹部上，有一根由产卵管变化形成的毒针，当它们感觉到危险时，就会用针去蜇。被蜇到的人，除了会感到剧痛，有的人还会头晕，或是觉得想吐。经常蜇人的蜂类是长脚蜂、蜜蜂、大黄蜂，其中又以大黄蜂的毒性最强，严重时甚至可以置人于死。每个人对蜂毒产生的反应各自不同，但过去曾被蜇过的人，更可能会出现强烈的过敏反应，而第一次被蜇到的人，大多只会觉得肿痛而已，并没有什么大事。仔细看一下被蜇到的地方，如果发现针还留在上面，就用指甲把它拔出来，要是想用挤压的方式把它推出来，反而会让针刺上的毒更深入皮肤里。最后用水冷却伤口，或是涂上抗组织胺软膏。有人建议抹上氨水，其实这样几乎是无效的，淋尿也是一样，反而会沾上细菌，所以不要这么做。

如何避免被蜂蜇到

第一就是别靠近蜂窝。如果蜂类朝你飞过来，不要吓得四处奔逃，而是要慢慢地退开。不可以惊扰它们。此外，若是穿着长袖上衣、长裤，受害程度会比较小。

露营时，要把蚊香带去

在山上或草原露营时，最怕的就是蚊虫叮咬了。痒，是人类最难忍受的感觉之一。准备蚊香，或是先在皮肤上喷抹防蚊液也可以。不过，防蚊液流汗之后效果就会变差，所以每隔 2 ~ 3 小时要再喷一次。蚊子在早晨、傍晚到夜里的时段会比较多，被咬之后如果痒得受不了，就抹上抗组织胺软膏。抗组织胺软膏对大部分的虫咬都很有效，所以记得把它加进急救用品中。

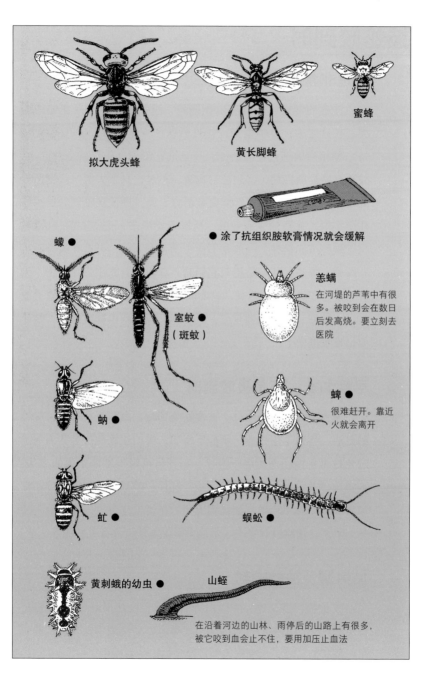

拟大虎头蜂

黄长脚蜂

蜜蜂

● 涂了抗组织胺软膏情况就会缓解

蠓 ●

室蚊 ●
（斑蚊）

恙螨
在河堤的芦苇中有很多。被咬到会在数日后发高烧。要立刻去医院

蚋 ●

蜱 ●
很难赶开。靠近火就会离开

虻 ●

蜈蚣 ●

黄刺蛾的幼虫 ●

山蛭
在沿着河边的山林、雨停后的山路上有很多，被它咬到血会止不住，要用加压止血法

被蛇咬到时

蛇是非常胆小的

日本的毒蛇，一般都是赤链蛇、蝮蛇、日本龟壳花蛇的同类。在这之中，日本龟壳花蛇只栖息在冲绳诸岛、奄美诸岛上，是一种相当敏感且危险的蛇，一旦被它咬到，伤口就会肿起来，并且有剧烈的疼痛，必须注射血清。不过，只要去医院接受适当的治疗，大部分的情况都能完全治愈，而且即使被咬到后过了好几个小时，血清还是有效的，所以不要慌张，记得要前往医院。至于蝮蛇或赤链蛇，一般是不会主动袭击人的，只有在人类不小心踩到、抓到，甚至是想杀它们时，它们才会露出毒牙反击。赤链蛇十分安静，蝮蛇也是，只要保持在50厘米以外的距离就会没事了。即使不小心踩到它们，只要脚上穿了登山鞋或长靴，蛇牙便很难咬进来了。

尽管如此，还是被咬到时

先让患者躺下来休息。被蝮蛇咬到时，由于现在有效果很好的血清，所以不用担心，镇静下来后，再前往医院。有些人为了避免蛇毒扩散，而用绳子绑住、割开伤口吸出毒液之类的方法，其实这些并没有什么实质的用处。绑住、割开、冷却伤口等治疗的方式，全都不用做。让受到惊吓的伤者安定下来，才是第一要务。除了让情绪冷静下来、带他去医院之外，没有更好的办法了。

如何避免被蛇咬到

蛇是夜行性动物，所以白天它们都会躲在树洞中或石缝里，等到晚上才会出来活动。因此，记得不要随便把手探入树木的洞里，攀爬斜坡时，也别把手伸进没经确认的岩缝中。

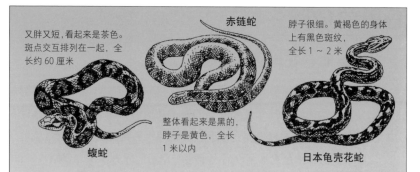

又胖又短，看起来是茶色。斑点交互排列在一起，全长约 60 厘米

蝮蛇

赤链蛇

整体看起来是黑的，脖子是黄色，全长 1 米以内

脖子很细。黄褐色的身体上有黑色斑纹，全长 1 ~ 2 米

日本龟壳花蛇

发生事故时的优先联络

打电话给 **120**

碰到自己无法处理的伤势，或被蛇咬到等事故时，首先要拨打 120。接着清楚、冷静地说明自己的所在地、事故的情形。

120 救援中心接到电话后，会立刻派出救护车来救援，并把伤者送到医院去。被蛇咬到而需要血清时，他们也会直接把伤者送到有血清的医院。在蝮蛇很多的地区医院里，大多都备有血清。经常发生日本龟壳花蛇事故的冲绳，在医院、诊所、健康中心等许多地方都备有血清，可以立刻为伤者进行处理。

日本的紧急救援电话是 119。——编者注

海里的危险生物

游泳时、在岸边玩耍时

在海里游泳时，大家有没有皮肤被刺到的经历呢？被海月水母或海蟹的幼虫扎到是很常见的事，扎伤的皮肤则会逐渐地红肿起来。若只是这种程度，抹上含有抗组织胺剂的类固醇软膏就可以了。恐怖的是在8～9月会漂来海岸边的立方水母和僧帽水母，一旦被它们刺到，剧烈的疼痛会传遍全身，被扎到的地方也出现红肿的伤痕，不但会使人想吐，甚至也有呼吸困难而致死的情况。因此，在服用抗组织胺剂后，要立刻前往医院。此外，在岩岸边玩耍时，也经常发生由刺冠海胆或喇叭毒棘海胆所引起的事故。如果被它们的刺扎进皮肤里，要立刻拔出来并去医院。在海边玩时，最好穿上运动鞋，可以预防踩下去时被刺到的意外事故。

钓鱼也有危险的时候

在海中潜水时，即使看到了鲸或海蛇，应该也不会有人想要靠近它们吧。但是在钓鱼时，就有可能会钓到意想不到的东西。例如红鳍赤、龙须蓑鲉、鳗鲶等，这些都绝对不可以直接用手摸，如果被鱼鳍上面的刺给扎到，剧烈的疼痛会持续好几个小时，并且出现红肿的现象，这时就要立刻前往医院。这些鱼都是可食用的，而且也很美味，但捕捉它们的工作还是交给渔夫们吧。如果恰巧钓到，不妨连线一起切断，直接让它们逃走吧，总比被刺到后痛苦好几天好。此外，赤土魟的尾部有一根很大的毒刺，毒性很强，即使被死鱼刺到还是有毒，所以即使你看到渔网捕获的赤土魟被丢在岸边，也千万不要去碰它。它的毒性很强，曾有人因此而死亡。

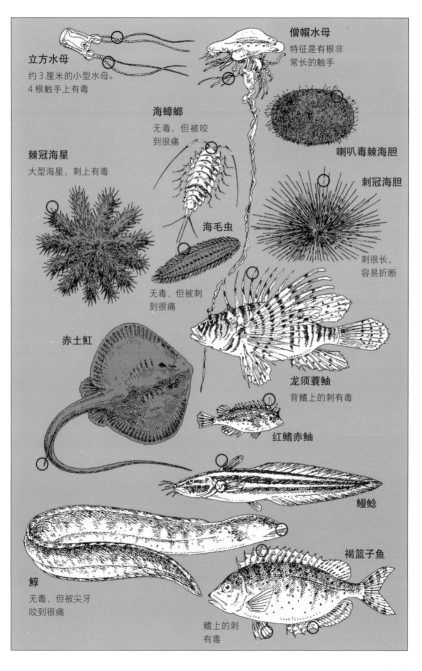

立方水母

约 3 厘米的小型水母。4 根触手上有毒

僧帽水母

特征是有根非常长的触手

海蟑螂

无毒,但被咬到很痛

喇叭毒棘海胆

棘冠海星

大型海星,刺上有毒

刺冠海胆

海毛虫

无毒,但被刺到很痛

刺很长,容易折断

赤土魟

龙须蓑鲉

背鳍上的刺有毒

红鳍赤鲉

鳗鲇

鳝

无毒,但被尖牙咬到很痛

褐篮子鱼

鳍上的刺有毒

353

急救用品清单

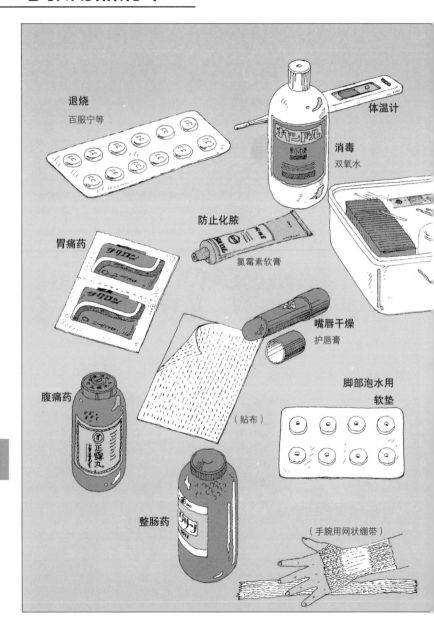

退烧
百服宁等

体温计

消毒
双氧水

防止化脓

胃痛药

氯霉素软膏

嘴唇干燥
护唇膏

腹痛药

脚部泡水用
软垫

（贴布）

整肠药

（手腕用网状绷带）

这里所列举出来的东西，至少都要当成急救用品带去。有网状绷带，也会很方便。密封容器的盖子能盖得很牢，而且很轻，适合拿来装东西。

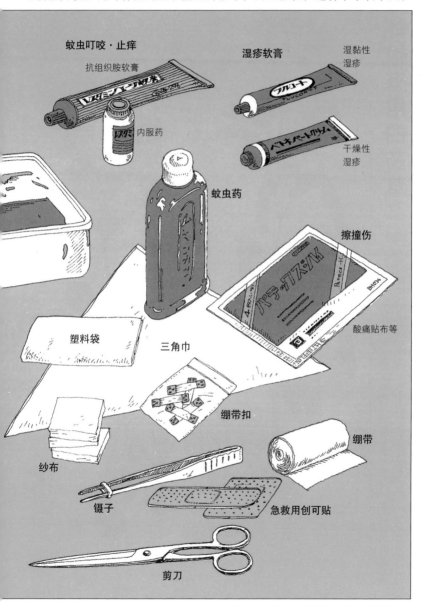

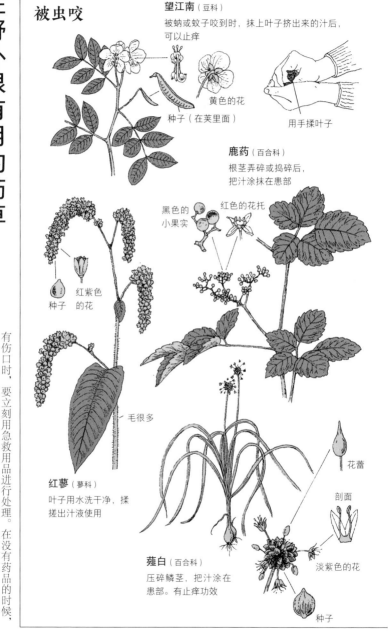

在野外很有用的药草

有伤口时，要立刻用急救用品进行处理。在没有药品的时候，这些药草知识，应该会有很大的帮助。

被虫咬

望江南（豆科）
被蚋或蚊子咬到时，抹上叶子挤出来的汁后，可以止痒

黄色的花

种子（在荚里面）

用手揉叶子

鹿药（百合科）
根茎弄碎或捣碎后，把汁涂抹在患部

黑色的小果实

红色的花托

红紫色的花

种子

毛很多

红蓼（蓼科）
叶子用水洗干净，揉搓出汁液使用

花蕾

剖面

淡紫色的花

薤白（百合科）
压碎鳞茎，把汁涂在患部。有止痒功效

种子

356

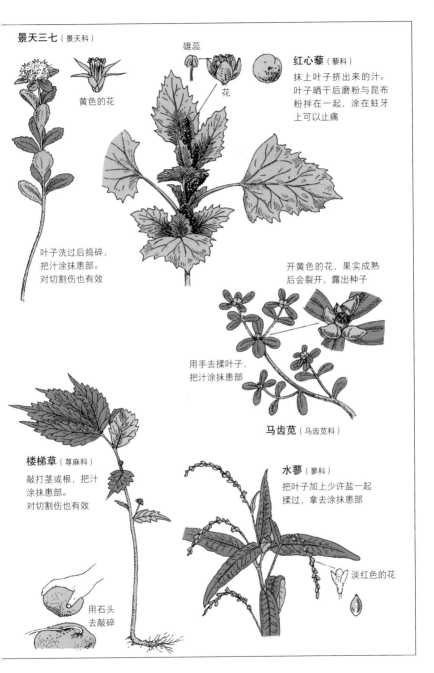

景天三七（景天科）

黄色的花

叶子洗过后捣碎，
把汁涂抹患部。
对切割伤也有效

雄蕊

花

红心藜（藜科）

抹上叶子挤出来的汁。
叶子晒干后磨粉与昆布
粉拌在一起，涂在蛀牙
上可以止痛

开黄色的花，果实成熟
后会裂开，露出种子

用手去揉叶子，
把汁涂抹患部

马齿苋（马齿苋科）

楼梯草（荨麻科）

敲打茎或根，把汁
涂抹患部。
对切割伤也有效

用石头
去敲碎

水蓼（蓼科）

把叶子加上少许盐一起
揉过，拿去涂抹患部

淡红色的花

肿起来

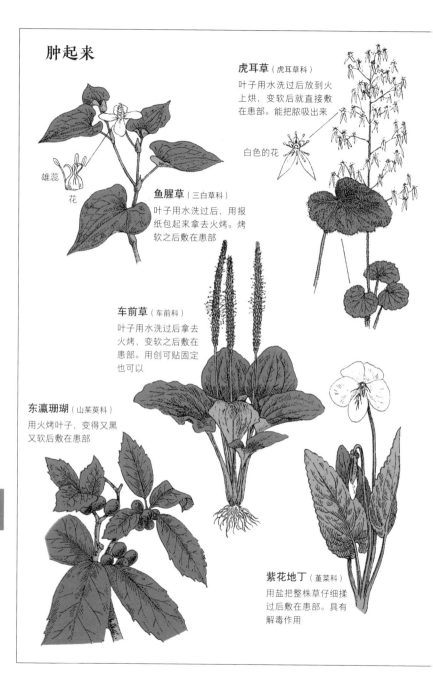

虎耳草（虎耳草科）

叶子用水洗过后放到火上烘，变软后就直接敷在患部。能把脓吸出来

白色的花

雄蕊

花

鱼腥草（三白草科）

叶子用水洗过后，用报纸包起来拿去火烤。烤软之后敷在患部

车前草（车前科）

叶子用水洗过后拿去火烤，软软之后敷在患部。用创可贴固定也可以

东瀛珊瑚（山茱萸科）

用火烤叶子，变得又黑又软后敷在患部

紫花地丁（堇菜科）

用盐把整株草仔细揉过后敷在患部。具有解毒作用

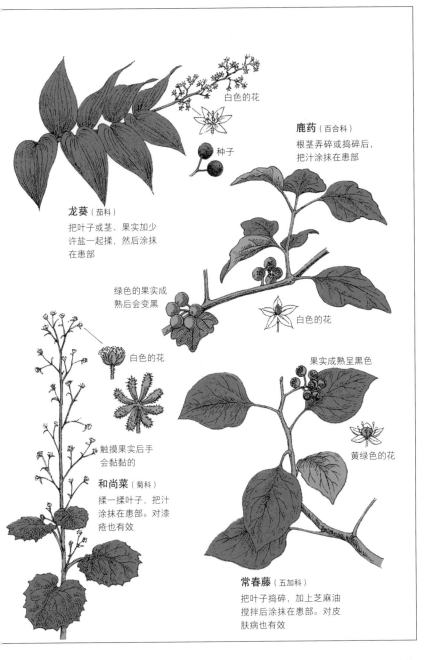

白色的花

鹿药（百合科）
根茎弄碎或捣碎后，把汁涂抹在患部

种子

龙葵（茄科）
把叶子或茎、果实加少许盐一起揉，然后涂抹在患部

绿色的果实成熟后会变黑

白色的花

白色的花

触摸果实后手会黏黏的

和尚菜（菊科）
揉一揉叶子，把汁涂抹在患部。对漆疮也有效

果实成熟呈黑色

黄绿色的花

常春藤（五加科）
把叶子捣碎，加上芝麻油搅拌后涂抹在患部。对皮肤病也有效

割伤

花的上面是红紫色，
下面是白色

种子

孢子

戟叶蓼（蓼科）
叶子和茎揉一揉，把汁涂抹
在患部。也可以用来止血

网纹马勃（马勃菌科）
割伤、擦伤时，直接把
孢子撒在患部

长叶车前草（车前科）
捣碎叶子，把汁涂抹在患部

天胡荽（伞形科）
揉一揉叶子或茎，
把汁涂抹在患部

白色的花

黄色的花

山菊（菊科）
揉一揉叶子，把汁涂抹
在患部。擦撞伤则是把
叶子用火烤软后，撕开
来敷在患部

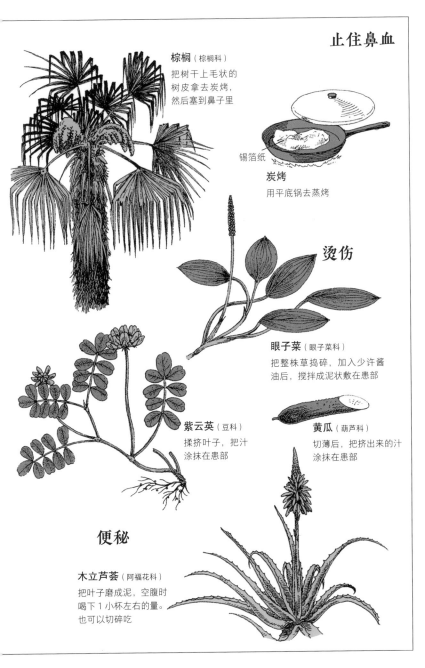

止住鼻血

棕榈（棕榈科）
把树干上毛状的
树皮拿去炭烤，
然后塞到鼻子里

锡箔纸

炭烤
用平底锅去蒸烤

烫伤

眼子菜（眼子菜科）
把整株草捣碎，加入少许酱
油后，搅拌成泥状敷在患部

紫云英（豆科）
揉挤叶子，把汁
涂抹在患部

黄瓜（葫芦科）
切薄后，把挤出来的汁
涂抹在患部

便秘

木立芦荟（阿福花科）
把叶子磨成泥，空腹时
喝下1小杯左右的量。
也可以切碎吃

擦撞伤

红紫色的花

叶子前端呈尖状

千屈菜（千屈菜科）
揉烂叶子或茎，把它
厚厚地敷在伤口上，
用绷带包扎起来

手脚麻痹

淡蓝色的花

附地菜（紫草科）
把整株草加上盐揉一
揉，敷到手脚上后，
用绷带包扎起来

冻疮

王瓜（葫芦科）
压碎果实，涂到冻疮上

果实的
剖面

种子

黄色的花

黄花酢浆草（酢浆草科）
整株草揉挤过后，抹在皮肤上。
对寄生性的皮肤病很有效

皮肤病

胡桃楸（胡桃科）

用非金属的研磨器，把未成熟的蓝色
果实磨成泥，抹在皮肤上

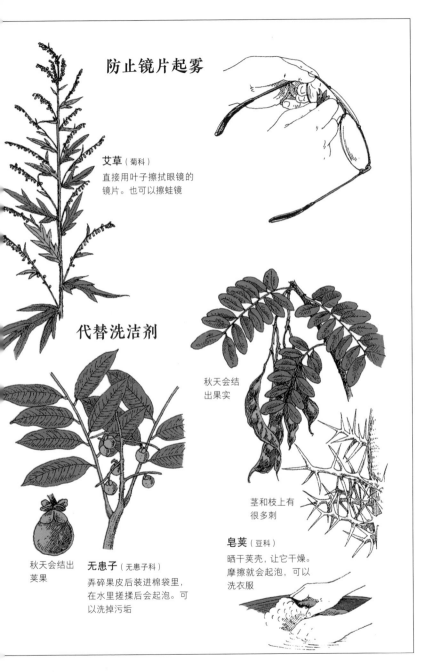

防止镜片起雾

艾草（菊科）

直接用叶子擦拭眼镜的镜片。也可以擦蛙镜

代替洗洁剂

秋天会结出果实

茎和枝上有很多刺

秋天会结出荚果

无患子（无患子科）

弄碎果皮后装进棉袋里，在水里搓揉后会起泡。可以洗掉污垢

皂荚（豆科）

晒干荚壳，让它干燥。摩擦就会起泡，可以洗衣服

恐怖的"鬼打墙"

一百多年前，在青森县十和田湖附近的八甲田山里，有199人在雪地行军训练中去世。这起日本山岳史上最大的事故，发生在1902年1月。在这所谓横越八甲田山的雪地行军训练里，210人中仅有11位生还者。这起事件后来还被写成小说、拍成电影，因而变得广为人知。

当天，从日本东北地区到北海道全都笼罩在大型冷气团之下，加上低气压通过，形成了极度恶劣的天气。他们一行人拒绝了村民带路，决定倚赖地图和指北针，靠自己的力量横越山脉。于是在暴风雪中，210人开始行军了。

人类如果被遮住了眼睛，要直直地走到前方50米的地点，都会变得很困难。即使眼睛是睁开的，还是会在雪原里、浓雾中、草原上迷失方向，结果不断在相同的地方来回打转。这种被称为"鬼打墙"（环状徘徊）的情况，据说是由于人体的不平衡（也有一说是受到大脑的影响）所引起的，这也可能是在八甲田山上发生事故的原因之一。在雪原中迷失了方向的他们，无法抵达目的地，最终付出了惨烈的代价。

资料

月球盈亏表

●新月　　◑上弦　　○满月　　◐下弦

资料提供：日本国立天文台 · 天文情报中心

● 新月		◑ 上弦		○ 满月		◐ 下弦		● 新月		◑ 上弦		○ 满月		◐ 下弦	
月	日	月	日	月	日	月	日	月	日	月	日	月	日	月	日
2016 年								**2018 年**							
						1	2					1	2	1	9
1	10	1	17	1	24	2	1	1	17	1	25	1	31	2	8
2	8	2	15	2	23	3	2	2	16	2	23	3	2	3	9
3	9	3	16	3	23	4	1	3	17	3	25	3	31	4	8
4	7	4	14	4	22	4	30	4	16	4	23	4	30	5	8
5	7	5	14	5	22	5	29	5	15	5	22	5	29	6	7
6	5	6	12	6	20	6	28	6	14	6	20	6	28	7	6
7	4	7	12	7	20	7	27	7	13	7	20	7	28	8	5
8	3	8	11	8	18	8	25	8	11	8	18	8	26	9	3
9	1	9	9	9	17	9	23	9	10	9	17	9	25	10	2
10	1	10	9	10	16	10	23	10	9	10	17	10	25	11	1
10	31	11	8	11	14	11	21	11	8	11	15	11	23	11	30
11	29	12	7	12	14	12	21	12	7	12	15	12	23	12	29
12	29														
2017 年								**2019 年**							
		1	6	1	12	1	20	1	6	1	14	1	21	1	28
1	28	2	4	2	11	2	19	2	5	2	13	2	20	23	26
2	26	3	5	3	12	3	21	3	7	3	14	3	21	3	28
3	28	4	4	4	11	4	19	4	5	4	13	4	19	4	27
4	26	5	3	5	11	5	19	5	5	5	12	5	19	5	27
5	26	6	1	6	9	6	17	6	3	6	10	6	17	6	25
6	24	7	1	7	9	7	17	7	3	7	9	7	17	7	25
7	23	7	31	8	8	8	15	8	1	8	8	8	15	8	23
8	22	8	29	9	6	9	13	8	30	9	6	9	14	9	22
9	22	9	28	10	6	10	12	9	29	10	6	10	14	10	21
10	20	10	28	11	4	11	11	10	28	11	4	11	12	11	20
11	20	11	27	12	4	12	10	11	27	12	4	12	12	12	19
12	18	12	26					12	26						

注意：涨落潮的差距最大的时候，是在所谓大潮的新月或满月的时期。退潮、满潮的时刻，会根据地域而有所不同。

星座名称列表

编号	缩写	星座名称	学名	季节	编号	缩写	星座名称	学名	季节
1	And	仙女座	Andromeda	秋季	23	Cir	圆规座	Circinus	春季
2	Ant	唧筒座	Antlia	春季	24	Col	天鸽座	Columba	冬季
3	Aps	天燕座	Apus	不可见	25	Com	后发座	Coma Berenices	春季
4	Aqr	宝瓶座	Aquarius	秋季	26	CrA	南冕座	Corona Australis	夏季
5	Aql	天鹰座	Aquila	夏季	27	Crb	北冕座	Corona Borealis	夏季
6	Ara	天坛座	Ara	夏季	28	Crv	乌鸦座	Corvus	春季
7	Ari	白羊座	Aries	秋季	29	Crt	巨爵座	Crater	春季
8	Aur	御夫座	Auriga	冬季	30	Cru	南十字座	Crux	春季
9	Boo	牧夫座	Bootes	春季	31	Cyg	天鹅座	Cygnus	夏季
10	Cae	雕具座	Caelum	冬季	32	Del	海豚座	Delphinus	夏季
11	Cam	鹿豹座	Camelopardalis	冬季	33	Dor	剑鱼座	Dorado	冬季
12	Cnc	巨蟹座	Cancer	冬季	34	Dra	天龙座	Draco	夏季
13	CVn	猎犬座	Canes Venatici	春季	35	Equ	小马座	Equuleus	秋季
14	CMa	大犬座	Canis Major	冬季	36	Eri	波江座	Eridanus	冬季
15	CMi	小犬座	Canis Minor	冬季	37	For	天炉座	Fornax	秋季
16	Cap	摩羯座	Capricornus	秋季	38	Gem	双子座	Gemini	冬季
17	Car	船底座	Carina	冬季	39	Gru	天鹤座	Grus	秋季
18	Cas	仙后座	Cassiopeia	秋季	40	Her	武仙座	Hercules	夏季
19	Cen	半人马座	Centaurus	春季	41	Hor	时钟座	Horologium	冬季
20	Cep	仙王座	Cepheus	秋季	42	Hya	长蛇座	Hydra	春季
21	Cet	鲸鱼座	Cetus	秋季	43	Hyi	水蛇座	Hydrus	秋季
22	Cha	蝘蜓座	Chamaeleon	不可见	44	Ind	印第安座	Indus	秋季

编号	缩写	星座名称	学名	季节	编号	缩写	星座名称	学名	季节
45	Lac	蝎虎座	Lacerta	秋季	67	PsA	南鱼座	Piscis Austrinus	秋季
46	Leo	狮子座	Leo	春季	68	Pup	船尾座	Puppis	冬季
47	LMi	小狮座	Leo Minor	春季	69	Pyx	罗盘座	Pyxis	春季
48	Lep	天兔座	Lepus	冬季	70	Ret	网罟座	Reticulum	冬季
49	Lib	天秤座	Libra	夏季	71	Sge	天箭座	Sagitta	夏季
50	Lup	豺狼座	Lupus	夏季	72	Sgr	人马座	Sagittarius	夏季
51	Lyn	天猫座	Lynx	冬季	73	Sco	天蝎座	Scorpius	夏季
52	Lyr	天琴座	Lyra	夏季	74	Scl	玉夫座	Sculptor	秋季
53	Men	山案座	Mensa	不可见	75	Sct	盾牌座	Scutum	夏季
54	Mic	显微镜座	Microscopium	秋季	76	Ser	巨蛇座	Serpens	夏季
55	Mon	麒麟座	Monoceros	冬季	77	Sex	六分仪座	Sextans	春季
56	Mus	苍蝇座	Musca	不可见	78	Tau	金牛座	Taurus	冬季
57	Nor	矩尺座	Norma	夏季	79	Tel	望远镜座	Telescopium	夏季
58	Oct	南极座	Octans	不可见	80	Tri	三角座	Triangulum	秋季
59	Oph	蛇夫座	Ophiuchus	夏季	81	TrA	南三角座	Triangulum Australe	夏季
60	Ori	猎户座	Orion	冬季	82	Tuc	杜鹃座	Tucana	秋季
61	Pav	孔雀座	Pavo	夏季	83	Uma	大熊座	Ursa Major	春季
62	Peg	飞马座	Pegasus	秋季	84	Umi	小熊座	Ursa Minor	夏季
63	Per	英仙座	Perseus	冬季	85	Vel	船帆座	Vela	春季
64	Phe	凤凰座	Phoenix	秋季	86	Vir	室女座	Virgo	春季
65	Pic	绘架座	Pictor	冬季	87	Vol	飞鱼座	Volans	不可见
66	Psc	双鱼座	Pisces	秋季	88	Vul	狐狸座	Vulpeculs	夏季

索 引

图书在版编目（CIP）数据

冒险图鉴 /（日）里内蓝著；（日）松冈达英绘；
张杰雄译 . -- 成都：四川人民出版社，2019.10（2024.2 重印）
ISBN 978-7-220-11504-2

Ⅰ . ①冒… Ⅱ . ①里… ②松… ③张… Ⅲ . ①野外—
生存—图集 Ⅳ . ① G895-64

中国版本图书馆 CIP 数据核字 (2019) 第 173635 号

Outdoorsmanship Illustrated
Text by AI SATOUCHI
Illustrated by TATSUHIDE MATSUOKA
Text © Ai Satouchi 1985
Illustrations © Tatsuhide Matsuoka 1985
Originally published by Fukuinkan Shoten Publishers, Inc., Tokyo, 1985
under the title of BOKEN ZUKAN The Simplified Chinese language rights arranged
with Fukuinkan Shoten Publishers, Inc., Tokyo through Bardon-Chinese Media Agency
All rights reserved
本书中文简体版权归属于银杏树下（北京）图书有限责任公司

MAOXIAN TUJIAN

冒险图鉴

著　　者	［日］里内蓝
绘　　者	［日］松冈达英
译　　者	张杰雄
选题策划	后浪出版公司
出版统筹	吴兴元
编辑统筹	王　頔
特约编辑	李志丹
责任编辑	杨　立
装帧制造	墨白空间 · 张莹
营销推广	ONEBOOK
出版发行	四川人民出版社（成都三色路 238 号）
网　　址	http://www.scpph.com
E - mail	scrmcbs@sina.com
印　　刷	天津联城印刷有限公司
成品尺寸	129mm × 188mm
印　　张	12
字　　数	204 千
版　　次	2019 年 10 月第 1 版
印　　次	2024 年 2 月第 6 次
书　　号	978-7-220-11504-2
定　　价	70.00 元

著者：[日]奥成达
绘者：[日]永田晴美
译者：曹　磊　张艳辉

书号：978-7-220-11149-5
页数：380
定价：70.00元

游戏图鉴

4000幅插图详解800种日常游戏
9—99岁都能用的游戏全书

内容简介 | 对于孩子来说，游戏是非常重要的，对他们的健康成长有着不可或缺的作用。但是，随着游戏场地的缩减和娱乐方式的多样化，昔日耳熟能详的游戏正在一点一点消失。现在，是时候重新梳理一下那些伴随无数孩子童年的日常游戏了，让成年人忆起幼时的点滴美好，让孩子体会游戏的简单快乐。本书选取了约 800 种游戏，包括能够体验季节变迁的花草游戏、调动全身的户外游戏、亲近自然的野外游戏、经久不变的传统游戏及体现个人创意的手工游戏等。翻开本书，一起享受一段纯粹的游戏时间吧！

了解自己的尺寸吧

( )cm

( )cm

( )cm

( )cm

( )cm

步行 1km 的时间（ ）分钟
步行 100m 的时间（ ）秒
1 分钟内步行的距离（ ）m